# FILOSOFIA M ED ESOTE~~~~

Aforismi e Citazioni dei più Grandi Pensatori di Tutti i Tempi

Rainman Cavendish

"La filosofia mi ha insegnato a dipendere dalla mia coscienza, piuttosto che dalle opinioni altrui, e a pensare sempre non tanto a non essere giudicato male, quanto a non dire o fare io stesso qualcosa di male. […] Ormai tutta questa speculazione filosofica (tale è la sventura del nostro tempo!) è fonte di disprezzo e di discredito, piuttosto che di onore e di gloria. A tal punto ha invaso quasi tutte le menti questa perniciosa e perversa convinzione, secondo cui la filosofia non deve essere assolutamente coltivata, o deve esserlo soltanto da pochi: come se avere chiarissime davanti agli occhi e a portata di mano le cause dei fenomeni, le vie della natura, il principio ordinatore dell'universo, i disegni divini, i misteri dei cieli e della terra, non abbia il benchè minimo valore, a meno che non si possa ricavarne un qualche prestigio o procurarsene un qualche guadagno. Anzi, siamo giunti (ahimè) a tal punto, che ormai non vengono ritenuti sapienti se non quanti rendono lucroso lo studio della sapienza."

(Giovanni Pico della Mirandola)

"Cercare la conoscenza è correre verso te stesso; la tua ombra corre con te. Lascia che ci sia un mezzogiorno per ognuno. Solo quando è mezzogiorno non hai ombra sia dietro che davanti."

(Pitagora)

"Il vostro essere, la vostra anima, è un microcosmo, un piccolo universo. Ma è piena di tempeste e di discordie, mentre si tratta di realizzarvi l'unità nell'armonia. Allora, e solo allora. Dio scenderà nella vostra coscienza, e voi parteciperete al suo potere e farete della vostra volontà la pietra del focolare, l'altare di Vesta, il trono di Zeus."

(Pitagora)


"Conoscere l'Essenza Divina è la destinazione spirituale della nostra anima, che è stata mandata sulla Terra dal Creatore dell'Universo."

(Pitagora)


"L'intelletto, staccato dalla coscienza, può essere una maledizione piuttosto che una cosa utile."

(Pitagora)


"Gli uomini sono creatori dei propri mali. Infelici! Ignorano che i veri beni sono alla loro portata dentro se stessi. Pochi sono coloro che conoscono il modo di liberarsi dei propri tormenti. È questa la cecità degli uomini che turba la loro intelligenza. Non sospettando la funesta oscurità che li accompagna, non sanno discernere ciò che è necessario e ciò che devono rifiutare senza ribellarsi."

(Pitagora)

"A coloro che sanno risvegliare quanto vi è di sacro nella loro anima la natura mostra ogni cosa."

(Pitagora)


"Educa i bambini e non sarà poi necessario punire gli adulti."

(Pitagora)


"L'Origine ama nascondersi.
La natura delle cose ama celarsi.
La trama nascosta è più forte di quella manifesta"

(Eraclito, Frammenti)


"Solo l'uomo cammina ai confini di ciò che non ha confini, sa vedere il mistero, ascoltare il silenzio, esperire l'infinito."

(Eraclito)


"Bisogna volere l'impossibile perché l'impossibile accada."

(Eraclito)


"Rispetto a tutte le altre una sola cosa preferiscono i migliori: la gloria eterna rispetto alle cose caduche; i più invece pensano solo a saziarsi come bestie."

(Eraclito)

"Agli uomini rimane celato ciò che fanno da svegli, allo stesso modo in cui non sono coscienti di ciò che fanno dormendo."

(Eraclito)


"Esiste una sola sapienza: riconoscere l'intelligenza che governa tutte le cose attraverso tutte le cose."

(Eraclito)


"Unico e comune è il mondo per coloro che sono desti, ma ciascuno dei dormienti si involge in un mondo proprio."

(Eraclito)


"Non si può discendere due volte nel medesimo fiume e non si può toccare due volte una sostanza mortale nel medesimo stato, ma a causa dell'impetuosità e della velocità del mutamento essa si disperde e si raccoglie, viene e va."

(Eraclito)


"Il carattere di un uomo è il suo destino."

(Eraclito)

"L'anima è tinta del colore dei suoi pensieri. Pensa solamente a quelle cose che sono in linea con i tuoi principi e che possono sopportare la luce piena del giorno. Tu puoi scegliere il contenuto della tua personalità. Giorno dopo giorno divieni ciò che scegli, ciò che pensi e ciò che fai. La tua integrità è il tuo destino. Essa è la luce che illumina il tuo sentiero."

(Eraclito)


"Per quanto tu cammini, ed anche percorrendo ogni strada, non potrai mai raggiungere i confini dell'anima; tanto profonda è la sua vera essenza."

(Eraclito)


"Ad ogni uomo è concesso conoscere se stesso ed essere saggio."

(Eraclito)


"Ogni nostro istante non è mai uguale all'altro e noi non siamo mai gli stessi da un istante all'altro, da un tempo all'altro. Nessun uomo può bagnarsi nello stesso fiume per due volte, perché né l'uomo né le acque del fiume sono gli stessi."

(Eraclito)

"Dura è la lotta contro il desiderio, che ciò che vuole lo compra a prezzo dell'anima.
Per gli umani, che accada loro quel che vogliono non è la cosa migliore.
I porci godono più del fango che dell'acqua pura."

(Eraclito)


"Comune è nel cerchio il principio e la fine. Unico e comune è il mondo per coloro che son desti."

(Eraclito)


"La cosa più difficile é conoscere se stessi. La cosa più facile é dar consigli agli altri."

(Talete)


"L'essere è, e non può non essere; il non essere non è, e non può essere."

(Parmenide)


"Tutte le cose sono uno e quest'uno è l'essere."

(Parmenide)

"Perché ti meravigli tanto se viaggiando ti sei annoiato? Portandoti dietro te stesso hai finito col viaggiare proprio con quell'individuo dal quale volevi fuggire."

(Socrate)

"Mi piace andare al mercato e vedere quante sono le cose senza le quali io vivo, pur essendo felice ugualmente."

(Socrate)

"Non faccio nient'altro che andare in giro a persuadervi, giovani e vecchi, a capire che la vostra prima e maggiore preoccupazione non deve riguardare il vostro corpo o le vostre ricchezze ma la vostra anima, in modo che sia la più eccellente possibile."

(Socrate)

"Nell'antica Grecia Socrate aveva una grande reputazione di saggezza. Un giorno venne qualcuno a trovare il grande filosofo, e gli disse:
– Sai cosa ho appena sentito sul tuo amico?
– Un momento – rispose Socrate. – Prima che me lo racconti, vorrei farti un test, quello dei tre setacci.
– I tre setacci?
– Ma sì, – continuò Socrate. – Prima di raccontare ogni cosa sugli altri, è bene prendere il tempo di filtrare ciò che si vorrebbe dire. Lo chiamo il test dei tre setacci. Il primo setaccio è la verità. Hai verificato se quello che mi dirai è vero?
– No… ne ho solo sentito parlare…

– Molto bene. Quindi non sai se è la verità. Continuiamo col secondo setaccio, quello della bontà. Quello che vuoi dirmi sul mio amico, è qualcosa di buono?
– Ah no! Al contrario…
– Dunque, – continuò Socrate, – vuoi raccontarmi brutte cose su di lui e non sei nemmeno certo che siano vere. Forse puoi ancora passare il test, rimane il terzo setaccio, quello dell'utilità. E' utile che io sappia cosa mi avrebbe fatto questo amico?
– No, davvero.
– Allora, – concluse Socrate, – quello che volevi raccontarmi non è né vero, né buono, né utile; perché volevi dirmelo?"

"Una vita non indagata non è degna per l'uomo di essere vissuta. Coloro che ignorano la sapienza e la virtù e passano il tempo in banchetti e altre simili cose è naturale che siano trascinati verso il basso, e così vanno errando nella vita; mai innalzano lo sguardo verso ciò che è veramente alto, nè riescono a elevarsi o gustano una gioia pura e durevole, ma come bestie tengono sempre gli occhi rivolti in giù, e chini in terra e sulle mense si rimpinzano e si accoppiano, e per avidità di queste cose si scontrano e cozzano tra loro con corna e zoccoli di ferro, massacrandosi per la loro voracità."

(Platone)

"È ignobile quell'amante volgare che si innamora del corpo piuttosto che dell'anima; e del resto non può essere nemmeno costante, giacché è innamorato di qualcosa che costante non è. Non appena appassisce il fiore del corpo, di cui era innamorato, fugge lontano, smentendo tanti discorsi e tante promesse; ma chi si innamora di un nobile carattere, ne resta amante per tutta la vita, in quanto si fonde a una cosa che resta."

(Platone, Simposio)


"Prima di pensare a cambiare il mondo, fare le rivoluzioni, meditare nuove costituzioni, stabilire un nuovo ordine, scendete prima di tutto nel vostro cuore, fatevi regnare l'ordine, l'armonia e la pace. Soltanto dopo, cercate delle anime che vi assomigliano e passate all'azione."

(Platone)


"Coloro che sono capaci di vedere oltre le ombre e le bugie della propria cultura non saranno mai capiti, tanto meno creduti, dalle masse."

(Platone)


"Socrate: Qualcuno la chiama democrazia, qualcun altro nel modo che gli piace, ma, in realtà, la nostra democrazia è di fatto un'aristocrazia con il consenso della massa. Noi abbiamo sempre avuto dei regnanti, talvolta per discendenza, talvolta per elezione."

(Platone – Menesseno)

"Qual è l'essere eterno che non nasce affatto, e qual è quello che nasce e che muore, ma che non è mai veramente?"

(Platone)


"Tutto quello che l'uomo impara è già in lui. Tutte le esperienze, tutte le cose esteriori che lo circondano non sono che un'occasione per aiutarlo a prendere coscienza di quello che ha in se stesso."

(Platone)


"L'anima appunto ragiona nel modo migliore quando nessuna di queste cose la turba, né l'udito, né la vista, né alcun altro dolore, né alcun piacere, ma quando da sola si specchia in se stessa lasciando perdere il corpo e (quando) non partecipando di esso e non avendo contatto con esso, per quanto può, tende all'Essere."

(Platone)


"Prima che lo spirito umano affondasse nella sensualità e ne fosse incarnato perdendo le ali, viveva con gli Dèi nel mondo aereo, dove ogni cosa è vera e pura."

(Platone)

"L'intimo spirito ha qualche oscuro e vago ricordo del suo stato di felicità prenatale e qualche istintiva e prolettica aspirazione a tornarvi."

(Platone)

"Al vedere la bellezza di quaggiù, ci si ricorda della Vera Bellezza e si mettono le ali. Chi non è iniziato, o è ormai corrotto, non può slanciarsi rapidamente da quaggiù a lassù, verso la bellezza in sè, quando contempla ciò che quaggiù reca questo nome; perciò, scorgendola, non la venera, bensì si abbandona al piacere come un quadrupede che vuole solo montare e generare figli in modo dissoluto, senza intimorirsi nè provare vergogna nel perseguire un piacere contro natura."

(Platone)

"Ogni corpo a cui l'essere in movimento proviene dall'esterno, è inanimato; invece, quello a cui proviene dal suo interno e da se stesso è animato, perché la natura dell'anima è appunto questa. Ma se è cosi, ossia se ciò che muove se stesso non può essere altro se non l'anima, allora, di necessità, l'anima dovrà essere ingenerata e altresì immortale."

(Platone)

"Tu, nel tuo dramma, non ti rendi conto del fatto che niente avviene se non per questo fine, quello di assicurare alla vita dell'universo permanenza e felicità, e che niente è fatto per il tuo vantaggio, ma che tu sei fatto per il vantaggio dell'universo."

(Platone)


"La conoscenza della Verità non è affatto comunicabile come le altre conoscenze, ma, dopo molte discussioni fatte su questi temi, e dopo una comunanza di vita, improvvisamente, come luce che si accende dallo scoccare di una scintilla, essa nasce dall'anima e da se stessa si alimenta."

(Platone)


"La visione delle cose nel mondo sensibile risveglia i ricordi delle essenze contemplate nel mondo intelligibile e accende l'anima di un delirio divino, la forma più alta d'amore."

(Platone)


"Il bello è lo splendore del vero."

(Platone)

"Non dovresti curare gli occhi senza curare la testa o la testa senza curare il corpo. Così anche non dovresti curare il corpo senza curare l'anima. Questo è il motivo per cui la cura di molte malattie è sconosciuta ai medici, perché sono ignoranti nei confronti del Tutto che anch'esso dovrebbe essere studiato, dal momento che una parte specifica del corpo non potrà star bene a meno che non stia bene il Tutto."

(Platone)


"L'uomo è una pianta celeste, il che significa che è come un albero rovesciato, le cui radici tendono verso il cielo e i rami in basso verso la terra."

(Platone)

# Il mito della caverna di Platone

Dei prigionieri hanno sempre vissuto sul fondo di una caverna legati in modo da non potersi voltare. Fuori dalla caverna c'è un muro ad altezza d'uomo dietro al quale camminano persone che portano sulla testa statuette raffiguranti oggetti di vario genere, queste persone parlano e il loro eco rimbomba nella caverna. Dietro questi individui vi è un fuoco intenso che proietta nella parete della grotta davanti agli uomini legati le immagini degli oggetti. Non avendo potuto vedere nient'altro, i prigionieri, osservando le ombre, pensano che questa sia la realtà. Uno di loro, però, si libera e si volta; vede perciò le statuette e si accorge che sono più reali delle ombre; poi esce dalla grotta, oltrepassa il muro e inizialmente è accecato dalla luce del sole. Poi si guarda intorno e vede "il mondo della natura" e nota che tutto è più vero degli oggetti che sono proiettati. Dopo essersi chiesto da dove proveniva la luce, si accorge che è il sole che dà significato a tutto. Al racconto sono attribuiti diversi significati, tra i quali:

**Teologico/Spirituale**: La vita della caverna è quella di chi si basa sui sensi. La vita di chi riesce a liberarsi è quella di chi valorizza l'anima e quindi cura la dimensione interiore. La vita nella caverna è più facile ma non porta alla vera conoscenza mentre quella fuori, più difficile, conduce all'idea del bene-bello, perciò ad una valenza divina.
**Politico/Sociologico**: Il prigioniero ritorna nella caverna per liberare gli altri prigionieri ancora incatenati, ma la maggioranza di essi rifiuta perché vivere dentro è molto più facile, come più semplice è non avere responsabilità piuttosto che averne: il filosofo rischia di non poter esser capito. Come viene respinto il prigioniero che tende a liberare gli altri, così anche il filosofo non viene capito quando si occupa del potere politico e viene così respinto."

"Conoscere se stessi è l'inizio di ogni saggezza."

(Aristotele)


"Chi non conosce il suo limite, tema il destino."

(Aristotele)


"Considero più valoroso colui che sopraffà i propri desideri che non colui che conquista i propri nemici; perché la vittoria più dura è contro se stessi."

(Aristotele)


"È nell'interesse del tiranno di tenere la sua gente in povertà, così che non possano permettersi il costo delle armi con cui proteggersi da soli, e che siano così occupati dal lavoro quotidiano che non abbiano tempo di pensare a ribellarsi."

(Aristotele)


"L'abitudine a credere, è la causa principale per cui la ragione umana è distolta dal percepire ciò che di per sè è evidente."

(Aristotele)

"Noi siamo ciò che ripetutamente facciamo. L'eccellenza, pertanto, non è un'azione, bensì un'abitudine."

(Aristotele)


"Fra gli abiti dell'intelligenza, in virtù dei quali noi raggiungiamo la verità, ve ne sono alcuni che sono sempre veri, e altri che possono indurre in errore. Il ragionamento appartiene a quest'ultimo caso, ma l'intelletto è sempre conforme alla verità. D'altronde l'intelletto è più vero della scienza; i principi non si dimostrano ma se ne percepisce direttamente la verità."

(Aristotele)


"La vita che cercate, la perdete cullandovi in stupidi lussi. I nove decimi delle cose per cui tanto vi arrabattate non vi servono per nulla. Non abbiate paura di non possedere niente. Non esitate a non essere nessuno. La felicità non è in ciò che avete, ma in ciò che siete. Voi siete già esattamente quello che dovreste essere. Siatene consapevoli!"

(Diogene)


"Il mercato è un luogo appartato dove gli uomini possono ingannarsi l'un l'altro."

(Diogene)

"Non vedete che con cieca ignoranza dell'anima distruggete voi stessi?"

(Empedocle)


"Tutte le cose erano insieme; poi venne la mente e le dispose in ordine."

(Anassagora)


"Molti degli uomini preferiscono l'apparenza più che l'essenza, scostandosi dal giusto."

(Eschilo)


"Sapere è soffrire, e soffrire dà sapere."

(Eschilo)


"È nella natura del saggio controllare le proprie passioni, è nella natura del folle abbandonarsi alla loro schiavitù."

(Epitteto)


"Nessuno è libero se non è padrone di se stesso."

(Epitteto)

"La morte è di due tipi: la prima, più conosciuta, che avviene quando il corpo si scioglie dall'anima, e la seconda, quella dei filosofi, che avviene quando l'anima si scioglie dal corpo; e la seconda non segue affatto la prima. Ciò che la natura ha legato, la natura scioglie e ciò che l'anima ha legato, l'anima scioglie; la natura ha legato il corpo all'anima, l'anima ha legato se stessa al corpo. La natura quindi scioglie il corpo dall'anima, e l'anima scioglie se stessa dal corpo."

(Porfirio)


"L'uomo è lo zimbello più facile di sé stesso, perché quello che vuole che sia vero, generalmente lo ritiene vero."

(Demostene)


"Tra gli uomini ce ne sono alcuni che sono come dominati dall'incanto magico delle cose del mondo e degli oggetti esterni e si riducono così a poco o nulla. Altri dominano le cose ed ergono il loro capo verso il cielo, fuori del mondo, e salvano così la parte migliore della loro anima e ciò che v'è di originario nella sua essenza."

(Plotino – Enneadi)


"Tutti gli uomini, fin dalla nascita, si servono dei sensi prima che dell'intelligenza e s'imbattono anzitutto nelle cose sensibili: alcuni rimangono fermi ad esse per tutta la vita e credono che esse siano le prime e le ultime ritenendo che il dolore e il piacere che c'è in esse sia il male e il bene; in tal modo trascorrono la vita sfuggendo l'uno e rincorrendo l'altro;

e chi fra loro dà una certa importanza alla filosofia, sostiene che questa sia la sapienza. Costoro sono simili a quegli uccelli pesanti che hanno avuto molto dalla terra e, resi pesanti, non riescono a volare in alto, pur avendo ricevuto le ali dalla natura. Ce ne sono altri che si sollevano un po' dal basso, poiché la parte migliore della loro anima li spinge dal piacere alla bellezza, ma, essendo incapaci di vedere le vette e non avendo un altro punto sul quale appoggiarsi, cadono in basso, insieme con la loro parola "virtú", verso la vita pratica, verso la scelta fra le cose terrene, dalle quali prima avevano cercato di elevarsi. E c'è finalmente una terza schiatta di uomini divini che hanno una forza maggiore e una vista piú acuta, i quali vedono con uno sguardo penetrante lo splendore di lassú e si elevano al di sopra delle nubi e della nebbia terrena e, disdegnando tutte le cose mondane, gioiscono di quel luogo vero e familiare, come un uomo che, dopo tanto vagabondare, torna alla sua patria bene governata."

(Plotino – Enneadi)


"La conoscenza di Lui non si ottiene nè per mezzo della scienza, nè per mezzo del pensiero, come per gli altri oggetti dell'intelligenza, ma per mezzo di una presenza che vale più della scienza. È necessario mutare la vista corporea con un'altra, ridestando quella facoltà che ognuno possiede ma che pochi adoperano."

(Plotino – Enneadi)


"La vita dell'uomo divino è fuga di solo a Solo"

(Plotino – Enneadi)

"Egli non è misurabile nè numerabile. Non cercarlo dunque con occhi mortali, e non credere di poterlo vedere come pretenderebbe chi suppone che tutte le cose siano sensibili e nega ciò che vale più di ogni cosa. In realtà sono proprio le cose che si credono come le maggiormente esistenti quelle che non esistono affatto. È come se alcuni, addormentati per tutta la vita, prendessero come reale ed evidente ciò che appare nei loro sogni; e se qualcuno li svegliasse, non crederebbero a quanto vedono ad occhi aperti e tornerebbero a dormire."

(Plotino – Enneadi)


"Ci stupiamo che nell'uomo ci sia l'ingiustizia poichè giudichiamo che l'uomo sia la cosa più preziosa del'universo e l'essere più saggio di tutti. Invece egli sta in mezzo tra gli dèi e le bestie: alcuni assomigliano agli dèi, altri alle bestie, la maggioranza sta nel mezzo. Coloro che per la loro corruzione son vicini agli animali senza ragione, trascinano e maltrattano gli uomini che sono nel mezzo: e questi, che pur sono superiori a coloro che li maltrattano, si lasciano dominare dagli inferiori poichè sono in certo modo inferiori ad essi, perchè non sono ancora virtuosi e non sono preparati a non soffrire quei mali. I malvagi comandano per la viltà dei loro sudditi. Gli uomini sono cattivi involontariamente. L'anima inferiore obbedisce al temperamento fisico ed è costretta a desiderare, ad adirarsi, ad essere umile nella povertà, orgogliosa nella ricchezza e tiranninca nei poteri. Quella superiore, resiste nelle stesse circostanze, modifica le cose piuttosto che essere modificata, sicchè ne muta alcune, altre ne tollera, ma senza peccare. Quando l'anima, cangiata dalle cose esterne, agisce come sotto l'impulso di un movimento cieco, nè l'azione nè la disposizione sua si devono chiamar volontarie; similmente avviene quando essa peggiora spontaneamente in quanto non segue sempre i suoi impulsi retti ed essenziali. Ma quando essa, nel suo impulso, prende come guida la sua propria ragione pura e impassibile, soltanto allora si deve dire che quell'impulso dipende da noi, che è volontario ed è opera nostra, che esso non viene da altro luogo se non dall'interno dell'anima pura, dal principio primo dominatore e signore, non da un'anima sviata dall'ignoranza, prostrata dalla violenza dei desideri che sopraggiungendo la conducono, la trasciano e non permettono più che in noi ci siano azioni, ma passioni. Le azioni migliori vengono da noi."

(Plotino – Enneadi)


"Come un pittore non fa soltanto occhi in un animale, così la Ragione non fa soltanto esseri divini, ma fa gli dèi, i demoni, gli uomini e infine gli animali. E noi siamo come quegli ignoranti che criticano il pittore perchè non ha messo ovunque i suoi bei colori, mentre ha messo in ogni parte i colori che convenivano. È come se si biasimasse un dramma perchè in esso non tutti sono eroi, ma c'è un servitore, o un rusticone dalla voce rozza; il dramma non è più bello se si sopprimono queste parti secondarie, anzi è completato da queste. Nel dramma vero, imitato in parte da quegli uomini che hanno natura poetica, l'anima è l'attore: la sua parte essa la riceve dal Poeta dell'universo; e come i nostri attori ricevono le maschere, i costumi, una gialla tunica o uno straccio di vestito, l'anima riceve la sua sorte e non a caso, ma anch'essa secondo ragione. Ma questi attori hanno qualcosa di più; il Poeta dell'universo li fa padroni di questo mondo ed essi hanno la possibilità di andare in molti e diversi luoghi e di separare onore da infamia, ciascuno nel luogo che conviene ai suoi costumi. Come sulle scene del teatro, così dobbiamo contemplare anche nella vita le stragi, le morti, la conquista e il saccheggio delle città come fossero tutti cambiamenti di scena e di costume, lamenti e gemiti teatrali. Infatti, in tutti i casi della vita, non è la vera anima interiore, ma un'ombra dell'uomo esteriore quella che si lamenta e geme e sostiene tutte le sue parti su questo vario teatro che è la terra tutta. Tali sono le azioni del'uomo che sa vivere soltanto una vita inferiore ed esteriore e non sa che le sue lacrime e i suoi affari sono un puro gioco. Soltanto con la parte saggia della sua anima l'uomo deve prendere sul serio le cose serie, ogni altra parte di lui è un giocattolo, ma coloro che non conoscono ciò che è serio prendono sul serio i loro giochi e sono giocattoli essi stessi. E bisogna anche pensare che le lacrime e i lamenti non sono necessariamente indizi di mali reali: infatti anche i fanciulli piangono e si lamentano per cose che non sono mali."

(Plotino – Enneadi)


"La visione dell'Uno è al di là del sapere. L'anima, per raggiungerlo, deve volgersi alla sua interiorità. In realtà, Egli è sempre presente, ma è presente soltanto a coloro che possono accoglierlo e che si sono preparati ad armonizzare e ad entrare in contatto con Lui. A nessuno Egli è esteriore, ma a tutti, senza che lo sappiano, Egli è presente. Ma essi fuggono da Lui, o meglio, da se stessi. L'anima, quando si sia infiammata d'amore per Lui, si spoglia di qualsiasi forma che possieda, persino di quella intelligibile che sia in essa: poichè chi abbia qualche altro interesse e si dedichi ad esso, non può nè guardare a Lui nè accordarsi con Lui. L'anima, per accoglierlo da sola a solo, non deve avere nulla per sè, nè di bene nè di male. Quando l'anima riesca a raggiungerlo ed Egli venga a lei, o meglio le manifesti la sua presenza, ed essa si sia allontanata dalle cose presenti e si prepari ad essere tanto bella e simile a

Lui quanto è possibile, allora essa lo vede apparire improvvisamente in sè; nulla c'è ormai fra l'anima e il Bene, nè essi sono più due ma una cosa sola; e nemmeno potresti distinguerli finchè Egli è presente; ne sono quaggiù un'immagine gli amanti che desiderano fondersi insieme nel loro amore. Nè l'anima si accorge più di abitare in un corpo, nè sa di essere un'altra cosa come un uomo o un animale. Allora essa non vorrebbe nient'altro in cambio, nemmeno le si donasse il cielo intero, poichè sa che non c'è nulla di migliore nè un bene maggiore: essa infatti non può salire più in alto e tutte le altre cose, per quanto elevate, la costringerebbero a discendere. Ciò che essa dice, non lo dice mentre il corpo tripudia nel piacere, ma perchè è tornata ad essere quello che era una volta. Tutto ciò di cui prima godeva, vale a dire cariche, potere, ricchezza, bellezza e scienza, ora lo disprezza e riconosce che non avrebbe potuto chiamarli "beni" se non avesse incontrato qualcosa di migliore. Essa non teme alcuna sofferenza, finchè è in sua presenza, tutta presa dalla sua contemplazione. E se pure ogni cosa perisse intorno a lei, ben volentieri l'accetterebbe, pur d'essere da sola a solo di fronte a Lui; a tal punto giunge la sua gioia. Egli è ineffabile e indescrivibile. E tuttavia noi parliamo e scriviamo per avviare verso di Lui, per destare dal sonno delle parole alla veglia della visione, come coloro che mostrano la strada a chi vuol vedere qualcosa. L'insegnamento può riguardare soltanto la via e il cammino; ma la visione è tutta opera personale di colui che ha voluto contemplare."

(Plotino – Enneadi)

"L'anima, per sua natura, è innamorata dell'Uno e desidera unirsi a Lui come una vergine ama nobilmente il suo nobile padre; ma se, entrata nel mondo del divenire, si lascia sedurre dalla brama di pretendenti e passa, per la lontananza del padre, ad altro amore terreno, cade nel disonore; ma poi, disprezzando le violenze del mondo, essa si purifica da ogni cosa terrestre e, pronta a tornare al padre suo, ritrova la sua gioia. Infatti, il vivere quaggiù fra le cose terrene, è "caduta", "esilio" e "perdita delle ali". Se l'uomo ignora questa esperienza, rifletta su questi amori terreni e si chieda che cosa voglia dire raggiungere ciò che si ama più di tutto il mondo, pensando che questi sono amori di creature, mortali e caduchi, amori di fantasmi, poichè non sono ciò che è veramente amabile, nè sono il nostro bene, nè quello che andiamo cercando. Perchè dunque l'anima non rimane lassù? Perchè non è ancora uscita di qui completamente. Tempo verrà che la sua contemplazione sarà ininterrotta senza che il corpo non la infastidisca più. Questa è la via degli dèi e degli uomini divini e beati: distacco dalle restanti cose di quaggiù, vita che non si compiace più delle cose terrene, fuga di solo a solo."

(Plotino – Enneadi)


"Il coraggio consiste nel non temere la morte. La morte è separazione dell'anima e del corpo; colui che ama essere solo con la sua anima, non la temerà. La bruttezza dell'anima consiste nel non essere pura nè schietta, come per l'oro consiste nell'essere sporco di terra: tolta questa, l'oro resta ed è bello quando lo si separa dalle altre materie ed esso rimane solo con se stesso. Nello stesso modo, l'anima separata dai desideri che possiede per opera del corpo, col quale è unita troppo strettamente, liberata dalle altre passioni, purificata da ciò che essa contiene in quanto è unita alla materia e rimasta sola, lascia la bruttezza che le viene da una natura differente da lei. Se l'anima non conserva la sua purezza, non la morte è un male per lei, ma la vita."

(Plotino – Enneadi)

"L'uomo è un composto di anima e di corpo: egli può appiattirsi sulla dimensione del corpo o elevarsi a quella dell'anima. L'anima e il corpo diventano cosí due modi di essere: il primo ci rende liberi, il secondo ci accomuna alle bestie."

(Plotino – Enneadi)

"Il nostro corpo è il vero fiume Lete, poichè le anime immerse in esso dimenticano tutto."

(Plotino)

"Io mi sforzo di ricondurre il Divino che è in me al Divino che è nell'Universo."

(Plotino)

"Una sola vita pervade ogni cosa e nessuna cesura spezza la divina continuità dell'Universo."

(Plotino)

"L'insegnamento giunge solo a indicare la via e il viaggio, ma la visione sarà di colui che avrà voluto vedere."

(Plotino)


"Tu chiedi, come possiamo conoscere l'infinito? Ti rispondo, non con la ragione. È compito di questa distinguere e definire. L'Infinito, pertanto, non può essere classificato fra i suoi oggeti. Puoi apprendere l'Infinito soltanto per mezzo di una facoltà superiore alla ragione, entrando in uno stato in cui tu non sei più il tuo sè finito, in cui si stabilisce il contatto con l'essenza divina. Questa è l'estasi. È la liberazione della tua mente dalla sua coscienza finita. Il simile può conoscere soltanto il simile; perciò quando smetti di essere finito, ecco che diventi uno con l'Infinito. Nel ricondurre la tua anima al suo sè più elementare, alla sua essenza divina, tu realizzi questa unione, questa identità."

(Plotino, lettera a Flacco)


"Le anime discese nella corporeità sono quelle che hanno consentito a se stesse di farsi irretire dalla sensualità e sopraffare dalla concupiscenza. Esse ora cercano di tagliare i legami con il loro vero essere, e battendosi per l'indipendenza, assumono una falsa esistenza. Devono voltare le spalle a tutto questo, e dal momento che non hanno perduto la loro libertà, una conversione è ancora possibile."

(Plotino, lettera a Flacco)

"Il tempo ci viene tolto o sottratto, quasi a nostra insaputa, oppure ci sfugge non si sa come. E la cosa più indecorosa è perderlo per trascurata leggerezza. Prova a pensarci: gran parte della vita ci scappa via mentre agiamo in modo sbagliato, la maggior parte mentre stiamo senza far niente, e l'intera esistenza trascorre in occupazioni inutili e che non ci riguardano veramente. Trovami, se sei capace, uno che dia al tempo il giusto valore, che capisca quanto può essere importante una giornata, che si renda conto che noi moriamo un po' ogni giorno! Perché questo è il punto: noi pensiamo alla morte come a qualcosa che sta davanti a noi, mentre in gran parte è già alle nostre spalle: tutta l'esistenza trascorsa è già in suo potere. Voi vivete come se doveste vivere sempre, non pensate mai alla vostra fragilità, non volete considerare quanto del vostro tempo è già trascorso; buttate via il tempo come se lo attingeste da una fonte inesauribile. Preso nel vortice degli affari e degli impegni ciascuno consuma la propria vita, sempre in ansia per quello che accadrà, e annoiato di ciò che ha. Chi invece dedica ogni attimo del suo tempo alla propria crescita, chi dispone ogni giornata come se fosse la vita intera, non aspetta con speranza il domani né lo teme. Nessuno ti restituirà i tuoi anni, nessuno ti restituirà un'altra volta a te stesso; il tempo andrà per la via su cui si è incamminato, e non tornerà indietro, nè arresterà il suo percorso; non farà rumore, non ti avviserà della sua velocità: scivolerà via silenzioso. Cerchiamo dunque che ogni momento ci appartenga: ma non sarà possibile, se, prima, non cominceremo noi ad appartenere a noi stessi."

(Seneca)

"Niente ci appartiene, solo il tempo è nostro."

(Seneca)


"Da nulla, quindi, bisogna guardarsi meglio che dal seguire, come fanno le pecore, il gregge che ci cammina davanti, dirigendoci non dove si deve andare, ma dove tutti vanno. E niente ci tira addosso i mali peggiori come l'andar dietro alle chiacchiere della gente, convinti che le cose accettate per generale consenso siano le migliori e che, dal momento che gli esempi che abbiamo sono molti, sia meglio vivere non secondo ragione, ma per imitazione."

(Seneca)


"In molti potrebbero raggiungere il traguardo della saggezza se non pensassero di esservi già arrivati e non dissimulassero alcuni loro difetti, scavalcandone altri a occhi chiusi. Non c'è ragione di credere che la nostra adulazione, quella nei confronti di noi stessi, ci rechi meno danno dell'adulazione altrui. Chi ha veramente il coraggio di dire tutta la verità a se stesso?"

(Seneca)

"Una cosa che ci dà motivo non lieve d'inquietudine è la mancanza di spontaneità e naturalezza. Si è costretti troppo spesso ad assumere pose forzate, a non mostrarsi al prossimo per quello che si è. La vita di molte persone è condizionata dall'ostentazione. Non è piacevole nè rilassante la vita di chi indossa perennemente una maschera. È preferibile essere disprezzati per la propria spontaneità che tormentati da una continua, soffocante finzione."

(Seneca)

"Chi ha paura della morte non vive da uomo vivo; chi invece la vede come un traguardo naturale riservatogli fin dal momento della nascita, vive secondo le regole di natura e in virtù della sua forza d'animo non sarà mai colto di sorpresa né disarmato da alcuna esperienza. Può essere un male ritornare là donde si è venuti? Vive male chi non sa morire bene. La prima cosa da fare è togliere eccessivo valore a questo bene transitorio che è la nostra vita, e darle solo il peso che merita."

(Seneca)

"Sii servo del sapere se vuoi essere veramente libero."

(Seneca)

"Preferisco molestare con la verità che compiacere con le adulazioni."

(Seneca)

"Traversare i mari, cambiare città, a cosa serve? Se vuoi liberarti dai tuoi affanni non devi trasferirti altrove, ma diventare un altro."

(Seneca)


"Le nostre paure sono molto più numerose dei pericoli concreti che corriamo. Soffriamo molto di più per la nostra immaginazione che per la realtà."

(Seneca)


"Non è vero che abbiamo poco tempo: la verità è che ne perdiamo molto. Ci vuole tutta la vita per imparare a vivere e, quel che forse sembrerà più strano, ci vuole tutta la vita per imparare a morire."

(Seneca)


"Chi dedica ogni attimo del suo tempo alla propria crescita, chi dispone ogni giornata come se fosse la vita intera, non aspetta con speranza il domani, né lo teme."

(Seneca)

"L'anima raggiunge la pienezza della felicità quando, dopo aver calpestato tutto ciò che è vile, raggiunge l'eccelsa altezza e penetra fin nelle pieghe più riposte della natura. È allora, quando vaga tra gli Astri, che si compiace di ridere delle pavimentazioni dei ricchi. Ma tutto questo lusso dei ricchi, l'anima non può disprezzarlo prima di aver fatto il giro del mondo, di aver gettato dall'alto del cielo uno sguardo sdegnoso sulla stretta terra, ed essersi detta: È dunque quello il puntino che tanti popoli si dividono col ferro e fuoco? Quanto sono ridicole le frontiere che gli uomini stabiliscono tra di essi."

(Seneca)


"Niente c'invischia di più in mali peggiori che l'adeguarci al costume del volgo, ritenendo ottimo ciò che approva la maggioranza, e il copiare l'esempio dei molti, vivendo non secondo ragione ma secondo la corrente."

(Seneca)


"È libero colui che si è sottratto alla schiavitù di se stesso."

(Seneca)


"La felicità della vita dipende dalla qualità dei pensieri."

(Marco Aurelio)

"È la consapevolezza della propria ignoranza che spinge a indagare il mistero; eppure non si cercherebbe la verità se non si fosse certi almeno inconsciamente della sua esistenza. E' Dio stesso che fa nascere nell'uomo il desiderio della verità. Un Dio inconscio e nascosto che vuole farsi conoscere dall'uomo. Solo l'intervento della Sua grazia permette alla ragione umana di trascendere i suoi limiti, illuminandola. Ed è così che avviene l'intuizione: essa è un comprendere, e al tempo stesso un credere, che non avrebbe senso dubitare se non ci fosse una Verità che appunto al dubbio si sottrae; e che non si cercherebbe Dio se non Lo si fosse già trovato."

(Marco Aurelio)


"Ogni uomo vale quanto le cose che ricerca."

(Marco Aurelio)


"Pensa costantemente all'universo come a una creatura vivente unica, che racchiude una sola sostanza e una sola anima; pensa come tutto sia assorbito in una sola sensazione di questa creatura; come tutto si compia grazie a un unico impulso, e tutte le cose siano causa comune di ciò che nasce, e quali siano il loro concatenamento e la loro connessione. Pensa spesso alla rapidità con cui passa e scompare tutto ciò che esiste e che nasce. Perché la sostanza è come un fiume che scorre perenne; le sue attività subiscono continue trasformazioni, le sue cause infinite modificazioni, e quasi nulla è stabile, neppure ciò che hai a portata di mano. Pensa all'abisso infinito del passato e del futuro, dove ogni cosa svanisce. Non è insensato, allora, inorgoglirsi, affannarsi, lamentarsi come se il tormento che ci affligge fosse destinato a durare a lungo? Presto dimenticherai tutto; presto ti dimenticheranno tutti. In questo fiume in cui a niente è dato arrestarsi, a quale delle cose che rapide corrono via si potrebbe dar valore? È come se si prendesse ad amare uno dei passeri che si vede volare e subito frullar via. Breve è quindi il tempo che ognuno di noi vive, breve l'angolino della terra dove lo si vive, breve anche la più lunga fama presso i posteri, tramandata da generazioni di omiciattoli destinati ben presto a morire senza aver neppure imparato a conoscere se stessi, nè, tanto meno, chi è già morto da tempo. Da un capo all'altro troverai sempre le stesse cose, di cui sono piene le storie antiche, quelle intermedie e le recenti, di cui sono ancora piene, oggi, le città e le case. Non v'è nulla di nuovo: tutto si ripete, e subito passa. In tutte le epoche troverai le stesse cose che capitano anche oggi: gente che si sposa, alleva figli, si ammala, muore, combatte, celebra feste, commercia, lavora la terra, adula, fa l'arrogante, sospetta, tende insidie, si augura la morte altrui, si lamenta del presente, ama, accumula ricchezze, aspira al consolato o al regno. Eppure non è più nulla in alcun luogo tutta la loro vita. Chi ha visto le cose presenti, ha visto tutto: tutto ciò che è stato fin dall'eternità, tutto ciò che sarà per l'eternità. Tutte le cose sono infatti dello stesso genere e della stessa specie. Considera tutto quanto di fisico e di spirituale avviene simultaneamente dentro di noi in un solo attimo, e allora non ti sorprenderai se un numero molto maggiore di fenomeni, o piuttosto la totalità dei fenomeni, si produce simultaneamente in quell'essere uno e totale che chiamiamo universo. Tutto si trasforma, e anche tu sei in continua trasformazione e, in un certo senso, in continua dissoluzione. E così pure l'universo intero.

(Marco Aurelio)

"Alcuni vanno alla ricerca di luoghi in cui ritirarsi, in campagna, al mare o sui monti, e anche tu hai l'abitudine di desiderare ardentemente tutto questo. Però è quanto mai sciocco, dato che puoi, in qualunque momento tu lo voglia, ritirarti in te stesso. Perché in nessun luogo più tranquillo e calmo della propria anima ci si può ritirare; soprattutto se si hanno dentro di sé princìpi tali, che, al solo contemplarli, si acquista una perfetta serenità. E per serenità non intendo altro che ordine interiore."

(Marco Aurelio)

"Una sola è la luce del sole anche se interrotta da muri, montagne e infiniti altri ostacoli. Una sola è la sostanza universale, anche se è divisa in infiniti corpi di specifiche qualità. Una sola è l'anima, anche se è divisa e circoscritta in infinite nature e realtà individuali. Una sola è l'anima intelligente, anche se dà l'impressione di trovarsi divisa."

(Marco Aurelio, Pensieri)

"Scava dentro di te; dentro è la fonte del bene, e può zampillare inesauribile, se continuerai a scavare. Ricordati che sta nascosto dentro di te ciò che muove i fili della tua esistenza, ed è attività, è vita, è l'uomo. Non confonderlo mai, quando te lo immagini, con l'involucro che lo avvolge, nè con gli organi che gli sono stati modellati intorno. Renditi finalmente conto d'aver dentro di te qualcosa di più forte e divino di ciò che genera le passioni e ti muove come un burattino."

(Marco Aurelio)

"Colui che non ha un unico e costante fine nella vita, non può a sua volta essere nella vita sempre uno e costante."

(Marco Aurelio)


"Non v'è niente d'importante eccetto questo: compiere ciò a cui ti guida la tua natura individuale, accettare ciò che ti porta la natura universale."

(Marco Aurelio)


"La perfezione del carattere consiste in questo: vivere ogni giorno come se fosse l'ultimo, senza agitazione e senza inerzia, senza finzione."

(Marco Aurelio)


"Contro le cose non conviene adirarsi, giacchè esse non se ne curano affatto. Le cose esteriori non arrivano a toccare l'anima, ma ne restano sempre al di fuori immobili, mentre ogni turbamento proviene solo dalla nostra opinione interiore; tutte le cose che ora vedi muteranno in men che non si dica e non esisteranno più. L'universo è cambiamento; la vita opinione."

(Marco Aurelio)


"Il mondo è un labirinto dove l'anima deve errare fino alla sua liberazione."

(Ippolito)

"Dio ha dato all'uomo la statura eretta e gli ha ordinato di guardare il cielo e di ergere il volto verso le stelle."

(Ovidio)


"Nulla è più piacevole che star saldo sulle serene regioni elevate, ben fortificate dalla dottrina dei sapienti, da dove tu possa volgere lo sguardo laggiù, verso gli altri, e vederli errare qua e là e cercare, andando alla ventura, la via della vita, gareggiare d'ingegno, rivaleggiare di nobiltà, sforzarsi notte e giorno con ininterrotta fatica per assurgere a più alta ricchezza e impadronirsi del potere."

(Tito Lucrezio Caro)


"Più i fiumi son profondi, con minor rumore scorrono."

(Fedro)


"La gente pensa troppo a ciò che deve fare e troppo poco a quel che deve essere."

(Meister Eckhart)


"Quanto piace al mondo è breve sogno."

(F. Petrarca)

"Poichè certamente Dio è sommamente Uno, non cercare di comprenderlo per mezzo dell'Intelletto, ma per mezzo della potenza unitaria dell'anima. Infatti, ciò che è primordialmente Uno è afferrabile soltanto da ciò che in noi possiede l'unità e nè dal pensiero nè dall'intelletto."

(Michele Psello)


"Considerate la vostra semenza
fatti non foste a viver come bruti
ma per seguir virtute e canoscenza"

(Dante Alighieri)


"Non puoi insegnare niente a un uomo. Puoi solo aiutarlo a scoprire ciò che ha dentro di sé."

(G. Galilei)


"La filosofia mi ha insegnato a dipendere dalla mia coscienza, piuttosto che dalle opinioni altrui, e a pensare sempre non tanto a non essere giudicato male, quanto a non dire o fare io stesso qualcosa di male. […] Ormai tutta questa speculazione filosofica (tale è la sventura del nostro tempo!) è fonte di disprezzo e di discredito, piuttosto che di onore e di gloria. A tal punto ha invaso quasi tutte le menti questa perniciosa e perversa convinzione, secondo cui la filosofia non deve essere assolutamente coltivata, o deve esserlo soltanto da pochi: come se avere chiarissime davanti agli occhi e a portata di mano le cause dei fenomeni, le vie della natura, il principio ordinatore dell'universo, i disegni divini, i misteri dei cieli e della terra, non abbia il benchè minimo valore, a meno che non si possa ricavarne un qualche prestigio o procurarsene un qualche guadagno. Anzi, siamo giunti (ahimè) a tal punto, che ormai non vengono ritenuti sapienti se non quanti rendono lucroso lo studio della sapienza."

(Giovanni Pico della Mirandola)


"Ti posi nel mezzo del mondo perché di là meglio tu scorgessi tutto ciò che è nel mondo. Non ti ho fatto né celeste né terreno, né mortale né immortale, perché di te stesso quasi libero e sovrano artefice ti plasmassi e ti scolpissi nella forma che avresti prescelto. Tu potrai degenerare nelle cose inferiori che sono i bruti; tu potrai, secondo il tuo volere, rigenerarti nelle cose superiori che sono divine. Nell'uomo nascente il Padre ripose semi d'ogni specie e germi d'ogni vita. E a seconda di come ciascuno li avrà coltivati, quelli cresceranno e daranno in lui i loro frutti."

(Pico Della Mirandola – De Hominis Dignitate)


"Ogni movimento è corporeo, ogni movente è incorporeo."

(Pico della Mirandola)


"Nessun desiderio eleva tanto l'uomo quanto il desiderio di conoscere la verità."

(Tommaso d'Aquino)

"Solo gli dei che sanno tutto, e gli ignoranti che pensano di sapere tutto, non cercano."

(Giordano Bruno)


"Tutte le cose sono nell'universo e l'universo è in tutte le cose. In questo modo tutte le cose si armonizzano in una perfetta armonia. Tutti gli esseri viventi, sono fenomeni diversi di un'unica sostanza universale."

(Giordano Bruno)


"È prova di una mente semplice e molto primitiva che uno desideri di pensare come le masse o la maggioranza, semplicemente perché la maggioranza è maggioranza. La verità non cambia perché è, o non è, creduta dalla maggioranza delle persone."

(Giordano Bruno)


"I bambini si portano dentro una magia naturale, che a poco a poco, crescendo, sono costretti a distruggere ed allora cominciano a pregare: la santissima Trinità, i santi, la Madonna, una grande Madonna azzurra con gli ori e gli incensi. Dobbiamo imparare a respirare e riscoprire gli alberi, le pietre, gli animali e tutta la macchina della Terra: hanno un respiro interno, come noi. Hanno ossa, vene, carne, come noi."

(Giordano Bruno)

"Chi desidera conoscere, dubiti all'inizio di tutte le cose, non assuma alcuna posizione prima di aver ascoltato le parti e dopo aver bene considerato e confrontato, giudichi e prenda posizione non per sentito dire, secondo le opinioni dei più, l'età, i meriti e il prestigio, ma sulle basi di una visione aderente alla realtà, nonché di una verità che si comprenda alla luce della ragione."

(Giordano Bruno)


"Apri la porta attraverso la quale possiamo osservare il firmamento senza limiti. Così si magnifica l'eccellenza di Dio, si manifesta la grandezza de l'imperio suo: non si glorifica in uno, ma in soli innumerevoli; non in una terra, un mondo, ma in duecentomila, dico in infiniti."

(Giordano Bruno)


"Nel nostro mondo l'ombra é traccia della luce e la verità ha in sè l'ombra."

(Giordano Bruno)


"Gli Esseri divini vegliano sulla gestazione della terra e alcuni nascono qui per aiutare gli umani a comprendere che la trasformazione dipende dal loro risveglio."

(Giordano Bruno)

"Chi accresce il sapere aumenta il dolore."

(Giordano Bruno)


"Dimentica tutto quello che ti hanno insegnato i pedanti. Convinciti che niente ti è impossibile. Pensati in grado di comprendere tutto: le arti, le scienze, la natura di ogni essere vivente. Richiama a te tutte le sensazioni di ciò che esiste: del fuoco, dell'acqua… immagina di essere ovunque, sulla terra, nel mare, in cielo… di non essere ancora nato, poi di trovarti nel grembo materno, quindi di essere adolescente, vecchio, morto… al di là della morte."

(Giordano Bruno)


"Nell'universo esiste una profonda unità, è impensabile credere che ogni parte non corrisponda al tutto in una profonda armonia. La natura è viva ed edificata dal soffio divino. Lo scopo dell'uomo è tentare di armonizzarsi con il tutto. In questa ascesa furente in questa infinita conquista non ha bisogno che qualcuno si frapponga fra lui e l'universo, fra lui e il cielo."

(Giordano Bruno)


"L'uomo non è cattivo, è solo infelice. È la sua piccola mente la causa della sua infelicità."

(Giordano Bruno)

"Colui che vede in se stesso tutte le cose, è al tempo stesso tutte le cose."

(Giordano Bruno)


"Non è la materia che genera il pensiero, è il pensiero che genera la materia."

(Giordano Bruno)


"Guarda dentro di te, ascolta la tua voce interiore e ricorda che l'unico vero maestro è l'Essere che sussurra al tuo interno. Ascoltala: è la verità che è dentro di te. Sei divino, non lo dimenticare mai!"

(Giordano Bruno)


"Le scoperte scientifiche, anche le più straordinarie, non miglioreranno la condizione dell'uomo se prima questi non avrà fatto un salto di coscienza. Tanto si deve scoprire all'esterno, tanto si deve progredire all'interno. Se questa scienza che grandi vantaggi porterà all'uomo, non servirà all'uomo per comprendere se stesso, finirà per rigirarglisi contro."

(Giordano Bruno)

"Il linguaggio degli astri è musica, è canto che si riflette anche nell'uomo perché c'è un'aurea catena che collega la terra al cielo."

(Giordano Bruno)


"Il filosofo dev'essere libero dalle imposizioni delle autorità e delle stesse tradizioni; il suo solo orizzonte è quello che la forza della ragione gli permette di intravedere; infatti, alle libere are della filosofia cerca riparo dai flutti fortunosi desiderando la sola compagnia di coloro che comandano non di chiudere gli occhi, ma di aprirli. A me non piace dissimulare la verità, né ho timore di professarla apertamente."

(Giordano Bruno)


"Ho lottato, è già tanto, ho creduto nella mia vittoria. È già qualcosa essere arrivati fin qui: non aver temuto morire, l'aver preferito coraggiosa morte a vita da imbecille."

(Giordano Bruno)


"Verrà un giorno che l'uomo si sveglierà dall'oblio e finalmente comprenderà chi è veramente e a chi ha ceduto le redini della sua esistenza, a una mente fallace, menzognera, che lo rende e lo tiene schiavo. L'uomo non ha limiti e quando un giorno se ne renderà conto, sarà libero anche qui in questo mondo. Che ci piaccia o no, siamo noi la causa di noi stessi. Nascendo in questo mondo, cadiamo nell'illusione dei sensi; crediamo a ciò che appare. Ignoriamo che siamo ciechi e sordi. Allora ci assale la paura e dimentichiamo che siamo divini, che possiamo modificare il corso degli eventi, persino lo Zodiaco. Non so quando, ma so che in tanti siamo venuti in questo secolo per sviluppare arti e scienze, porre i semi della nuova cultura che fiorirà, inattesa, improvvisa, proprio quando il potere si illuderà di avere vinto."

(Giordano Bruno)


"L'umanità osserva solo un'immagine parziale e distorta di sè stessa e dell'universo."

(Giordano Bruno)


"Impara a vedere. Renditi conto che ogni cosa è connessa con tutte le altre."

(Leonardo da Vinci)


"Una volta aver provato l'ebrezza del volo, quando sarai di nuovo coi piedi per terra, continuerai a guardare il cielo."

(Leonardo da Vinci)


"Non è nelle stelle che è conservato il nostro destino, ma in noi stessi."

(William Shakespeare)

"Se si concede alla natura nulla di più dello stretto indispensabile, la vita dell'uomo vale meno di quella di una bestia."

(William Shakespeare)

"La vita non è che un'ombra in cammino; un povero attore, che s'agita e che si pavoneggia per un'ora sul palcoscenico e del quale poi non si sa più nulla. È un racconto narrato da un idiota, pieno di strepito e di furore, e senza alcun significato."

(William Shakespeare)

"Vi è qualche particella di bene anche nelle cose peggiori, sta agli uomini saperla estrarre attentamente."

(William Shakespeare)

"Noi siamo venuti quaggiù piangendo: lo sai bene, la prima volta che sentiamo l'odore dell'aria, mandiamo un vagito e ci mettiamo a piangere. […] Appena nati piangiamo per essere venuti in questo grande teatro di pazzia."

(William Shakespeare)

"Cos'è un uomo se tutto ciò che cava dal suo tempo non è che dormire e nutrirsi? Una bestia, nient'altro. Certo colui che ci fece con una mente così vasta, e capace di guardare indietro e in avanti, non ci dette questa virtù, questa ragione divina perché ammuffisse inusata."

(William Shakespeare)


"Non vi è nulla che sia buono o cattivo se il pensiero non lo rende tale."

(William Shakespeare)


"Conquista te stesso non il mondo"

(Cartesio)


"Se vuoi diventare un vero cercatore della verità, almeno una volta nella tua vita devi dubitare il più profondamente possibile di tutte le cose. Il dubbio è l'inizio della sapienza."

(Cartesio)


"Se l'uomo vuole cominciare con certezze, allora finirà con dei dubbi; ma se sarà contento di cominciare con dei dubbi, allora finirà con certezze."

(Francis Bacon)

"La maggior parte degli scrittori politici suppongono o pretendono che l'uomo sia un "animale sociale" già atto fin dalla nascita a consociarsi, e su questa base costruiscono le loro teorie politiche. Ma questo assioma (presupposto) è falso, benchè accettato dai più: e l'errore proviene da un esame troppo superficiale della natura umana. Noi non cerchiamo, per natura, amici, ma ci avviciniamo a persone da cui ci venga onore, vantaggio o una qualche utilità. Questo cerchiamo in primo luogo. La condizione dell'uomo é una condizione di guerra di ciascuno contro ogni altro, dove ognuno è governato dalla propria ragione e non c'è cosa di cui egli possa fare uso che egli non abbia la facoltà di impiegare per preservare la propria vita contro i suoi nemici. L'interesse e la paura sono i principi della società."

(Thomas Hobbes)


"Il papato non è altro che il fantasma del defunto impero romano, che siede incoronato sulla sua tomba."

(Thomas Hobbes)


"Il mondo è composto soltanto di maschere e non è che una miserabile commedia, un'opera cattiva, non interessante, una fiera, una sala d'azzardo, una bettola, una selva, un luogo equivoco e un manicomio. Non si vedono affatto personalità, ma solo uomini uniformi timorosamente celati. L'individuo si è ritirato nell'interno, da fuori non se ne vede più nulla. Essi non sono uomini, ma solo compendi incarnati e per così dire astrazioni concrete. Se hanno carattere e natura propria, tutto ciò è nascosto tanto profondamente da non poter risalire alla luce del giorno. Tutti si mascherano da uomini colti, da scienziati, da poeti, da politici. Se si toccano tali maschere, credendo che si tratti di cose serie e non soltanto una farsa, si hanno improvvisamente fra le mani soltanto cenci e toppe variopinte. La maggior parte delle loro azioni non vengono dalla profondità, bensì sono superficiali. Essi non hanno due pollici di profondità; se si scava, si trova subito il vuoto della loro vera natura. Non hanno opinioni che siano personali; le prendono a prestito a mano a mano che ne hanno bisogno; e colui dal quale le attingono non è affatto un uomo saggio o capace o virtuoso, è un uomo alla moda. Quest'uomo inquieto, leggero, incostante, che assume mille aspetti diversi, un uomo incostante che non è solo un uomo, ma parecchi: si moltiplica tante volte quanti sono i suoi nuovi gusti e le sue diverse maniere."

(Jean de La Bruyère)


"Che spesso le doti migliori abbiano i più scarsi ammiratori, e che la maggior parte della gente ritenga buono ciò che non vale, è un male che si può vedere ogni giorno. Eppure, come porre un freno a tale peste? Dubito, che questa piaga si possa cacciare dal nostro mondo. Vi è un unico mezzo sulla terra, ma infinitamente difficile: gli stolti debbono diventar saggi; badate, non lo saranno mai. Non conosceranno mai il valore delle cose. Ragionano con gli occhi, non con l'intelletto: lodano eternamente ciò che è dappoco, poichè non hanno mai conosciuto ciò che conta."

(Christian Furchtegott Gellert)

"L'uomo è un nulla di fronte all'infinito, un tutto di fronte al nulla, una via di mezzo tra il nulla e il tutto."

(Pascal, Pensieri)


"Non c'è disgrazia peggiore di questa: che l'uomo cominci a temere la verità, affinchè la verità non lo rimproveri. La verità nuoce solo a colui che fa il male; chi fa il bene ama la verità."

(Blaise Pascal)


"La maggior parte dei mali deriva dall'incapacità dell'uomo di restare seduto, immobile ed in silenzio, in una stanza."

(Blaise Pascal)


"L'ultimo passo della ragione, è il riconoscere che ci sono un'infinità di cose che la sorpassano; è davvero debole se essa non arriva a riconoscerlo."

(Blaise Pascal)

"Quando considero la piccola durata della mia vita inghiottita nell'eternità che la precede e la segue, il piccolo spazio che occupo e anche quello che vedo perduto nell'infinita immensità degli spazi che ignoro e che mi ignorano, mi atterrisce e mi stupisco di vedermi qua piuttosto che là, perché io sia oggi piuttosto che allora. Chi mi ci ha messo? Per ordine e per opera di chi questo luogo e questo tempo sono destinati a me?"

(Blaise Pascal)

"Ognuno ha in sé l'originale della bellezza di cui cerca la copia nel vasto mondo."

(Blaise Pascal)


"Per quanto in alto possiamo salire e per quanto in basso possiamo scendere, non usciamo mai dalle nostre sensazioni."

(Étienne Bonnot de Condillac)


"La coscienza è la presenza di Dio nell'uomo."

(Emanuel Swedenborg)


"Ogni anima è uno specchio vivente dell'universo."

(Gottfried Wilhelm von Leibniz)


"La Natura ha fatto l'uomo felice e buono, ma la società lo deprava e lo rende miserabile."

(J.J. Rousseau)


"Un orticello ben curato è meglio di uno grande e mal tenuto. Di fronte all'incommensurabile entrambi gli orti sono egualmente piccoli, per quanto non curati allo stesso modo."

(Voltaire)

"È difficile liberare i folli dalle catene che essi stessi venerano."

(Voltaire)


"Ogni uomo è una creatura dell'epoca in cui vive; solo pochi sono in grado di elevarsi al di sopra delle idee del loro tempo."

(Voltaire)


"Il numero di quelli che ingannano gli altri è certamente considerevole, ma il numero di quelli che ingannano sé stessi è infinitamente maggiore. La cosa più difficile per noi, non è conoscerci, ma correggerci. Abbiamo molta più intelligenza che coraggio."

(Louis Claude de Saint-Martin)


"La felicità, che doveva appartenere alla nostra specie, non si mostra più fra noi se non come un fenomeno e un prodigio. Le nostre lacrime sono oggi i soli segni della nostra fraternità: non siamo più parenti che nella disgrazia. Fra questo gran numero di uomini, a fatica ve n'è uno che non si svegli per altra cosa se non per essere la vittima o il carnefice di suo fratello. Oh uomo! Fermati al centro degli abissi in cui ti sei immerso, se non vuoi immergertici ancora di più. Richiama un istante il tuo giudizio. Voglio giustamente scusarti per un momento di misconoscere la sublime destinazione che avresti da adempire nell'universo; ma almeno non dovresti accecarti sul ruolo insignificante che vi adempi durante il breve intervallo dalla tua culla fino alla tua tomba. Getta uno sguardo su quanto ti occupa durante questa tragitto. Potresti credere che fosse per una destinazione così di poco conto, che ti troveresti dotato di facoltà e di proprietà tanto eminenti? Non saresti nato così penetrante, così grande, così vasto nelle profondità dei tuoi desideri e del tuo pensiero, se non per consumare la tua esistenza in occupazioni tanto fastidiose per la loro periodicità; tanto tenebrose e tanto limitate nel loro scopo; infine tanto contrarie alla tua nobile energia, con il capriccio, che solo sembra tenerli nella sua dipendenza ed esserne l'arbitro sovrano? Questo sublime privilegio della parola, soprattutto, credi tu che sia dato soltanto per intrattenere giornalmente i tuoi simili col racconto delle tue monotone occupazioni, e della storia della tua vita bestiale; per stordirli con la tua rumoreggiante eloquenza a giustificazione dei tuoi furori o dei tuoi deliri; o per ingannarli e fuorviarli, con le innumerevoli e abusive invenzioni favolose del tuo pensiero? No, l'uomo non è nelle misure che gli sarebbero proprie; è evidentemente in una alterazione. Si, un incantesimo dominatore sembra comporre l'atmosfera in cui siamo immersi. Siamo ridotti a respirare ininterrottamente e quasi esclusivamente questo vapore di illusione che ci circonda, e che ci trasmettiamo quindi gli uni agli altri, dopo averlo infettato ancora con la nostra propria corruzione."

(Louis Claude de Saint-Martin)

"Uomo, ricorda per un istante il tuo giudizio. Ti scuso per non conoscere ancora la sublime destinazione che dovresti adempiere nell'universo: ma per lo meno non dovresti acciecarti sul ruolo insignificante che vi adempi durante il breve intervallo percorso dalla tua culla fino alla tomba. Dai un'occhiata a ciò che ti occupa durante questo tragitto. Credi forse di essere stato dotato di facoltà e proprietà così eminenti, per una destinazione così nulla?"

(Louis-Claude de Saint-Martin)


"La schiacciante disgrazia dell'umanità non è che siamo ignoranti rispetto all'esistenza della verità, ma che ne disconosciamo la natura. Quali errori e sofferenze ci sarebbero stati risparmiati se, lungi dal cercare la verità nei fenomeni di natura materiale, avessimo deciso di scendere in noi stessi e avessimo cercato di spiegare le cose materiali attraverso il nostro stesso essere, e non il nostro essere attraverso le cose materiali."

(Louis Claude de Saint-Martin)


"L'unica differenza che c'è tra gli uomini, è che alcuni sono nell'altro mondo e lo sanno, mentre gli altri lo sono senza saperlo."

(Louis-Claude De Saint-Martin)

"Il più solido piacere di questa vita è il piacere vano delle illusioni. Pare un assurdo, eppure è esattamente vero, che, tutto il reale essendo un nulla, non v'è altro di reale né altro di sostanza al mondo che le illusioni."

(Giacomo Leopardi)


"I fanciulli trovano il tutto nel nulla, gli adulti il nulla nel tutto."

(G. Leopardi)


"L'uomo è un tessitore che ordisce dal rovescio la trama del tempo. Un giorno, passando al diritto del tessuto, egli potrà contemplare finalmente il disegno magnifico e grandioso che è riuscito ad ordire sul telaio del tempo ma di cui, fino a quel giorno, non ha visto altro che il confuso ed increscioso groviglio di fili."

(Alphonse De Lamartine)


"Dal punto di vista dello Stato, il bene non è generato dalla libertà quanto piuttosto dalla negazione della libertà; l'uomo è cattivo per natura. Ma come è diventato cattivo? È compito della teologia spiegarlo. Il fatto è che la Chiesa, alla sua nascita, trova l'uomo già cattivo e si assume il compito di renderlo buono, di trasformare cioè l'uomo naturale in cittadino. Così lo Stato come la Chiesa, partono da questo presupposto fondamentale: che gli uomini siano essenzialmente cattivi che, se abbandonati alla loro libertà individuale, si farebbero a pezzi e offrirebbero lo spettacolo della più terribile

anarchia, dove i più forti sfrutterebbero e massacrerebbero i
deboli. Ma se si prende il criminale più incallito, o l'uomo
dalla mente più povera, a meno che non esistano lesioni
organiche causa di idiozia e insanità, la criminalità dell'uno e
l'incapacità dell'altro a sviluppare la coscienza della propria
umanità e dei propri doveri umani non sono errori imputabili a
loro, nè dovuti alla loro natura; sono soltanto il prodotto
dell'ambiente sociale in cui sono nati e cresciuti. Se un uomo
nasce in una società di bruti sarà, tranne rare eccezioni, un
semibruto; se invece nasce in una società governata dai preti,
diventerà un idiota, un baciapile; in una banda di ladri
probabilmente un ladro; nelle file della borghesia, uno
sfruttatore del lavoro altrui. In tutti questi casi, perchè
l'individuo diventi umano, è indispensabile che si rivolti contro
la società che l'ha visto nascere. Per ribellarsi all'influenza che
la società esercita naturalmente su di lui, l'uomo deve almeno
in parte rivoltarsi contro se stesso, perchè con tutte le sue
tendenze e aspirazioni materiali, intellettuali e morali egli non è
altro che il prodotto della società. Su mille uomini se ne trova a
malapena uno di cui si possa dire che la sua volontà e il suo
pensiero sono autonomi. L'immensa maggioranza degli
individui, non soltanto fra la massa ignorante ma anche
nell'ambito della classe colta e privilegiata, vuole e pensa solo
ciò che il mondo circostante vuole e pensa. Gli uomini
credono, beninteso, di volere e pensare autonomamente, ma in
realtà non fanno che riprodurre servilmente,
consuetudinariamente, con modificazioni impercettibili e
irrilevanti, il pensiero e la volontà di altri. La libertà dell'uomo
consiste unicamente in questo: obbedire alle leggi naturali,
perchè le ha riconosciute egli stesso come tali e non perchè gli
siano state esteriormente imposte da una qualsiasi volontà
estranea, divina o umana, collettiva o individuale. La libertà è
l'assoluto diritto di ogni uomo o donna adulti di non cercare
per le proprie azioni altre conferme che quelle della propria

coscienza e della propria ragione, di non determinarle che per mezzo della propria volontà e di esserne quindi responsabili prima di tutto verso se stessi e poi nei confronti della società di cui fanno parte, ma solo in quanto consentono liberamente di farne parte. L'uomo non è veramente libero che tra uomini ugualmente liberi, e poichè è libero solo in quanto umano, la schiavitù di un solo uomo sulla terra, essendo un'offesa al principio stesso di umanità, è una negazione della libertà di tutti. Dunque la libertà di ciascuno non si realizza che nella uguaglianza di tutti. Per gli uomini non c'è che un solo dogma, una sola legge, una sola morale, e questa è la libertà."

(Michail Bakunin)


"L'idea generale è sempre un'astrazione, e, anche per questo, in qualche modo, una negazione della vita reale. Ho constatato questa proprietà del pensiero umano, e di conseguenza anche della scienza, di poter impadronirsi e nominare nei fatti reali solo il loro senso generale, i loro rapporti generali, le loro leggi generali; in una parola, ciò che è permanente, nelle sue continue trasformazioni, ma mai nel suo lato materiale, individuale, e per così dire palpitante di realtà e di vita, ma per la stessa inafferrabile e fuggitivo. La scienza comprende il pensiero della realtà, non la realtà stessa, il pensiero della vita, non la vita. Ecco il suo limite, il solo limite veramente insuperabile, perché è fondata sulla natura stessa del pensiero umano, che è l'unico organo della scienza. Su questa natura si fondano i diritti indiscutibili e la grande missione della scienza, ma anche la sua impotenza vitale e la sua azione maliziosa, tutte le volte che, per i suoi rappresentanti ufficiali, si rivendica il diritto di governare la vita. La scienza non è che l'astrazione, sempre incompleta e imperfetta, di questo movimento. Se si volesse imporre ad essa come una dottrina assoluta, come un'autorità governativa, la impoverirebbe, la distorcerebbe e la paralizzerebbe. La scienza non può uscire dalle astrazioni, sono il suo regno. Ma le astrazioni, i loro rappresentanti immediati, di qualsiasi natura essi siano, preti, politici, giuristi, economisti e studiosi, devono smettere di governare le masse popolari. Tutto il progresso del futuro è qua. Nell'organizzazione attuale, monopolizzando la scienza e restando come tale al di fuori della vita sociale, gli studiosi formano una casta a parte che offre molte analogie con la casta dei preti. L'astrazione scientifica è il loro dio, le individualità viventi e reali sono le loro vittime, e loro sono i sacrificatori. La missione della scienza è questa qui: rilevando i rapporti generali di cose passeggere e reali, riconoscendo le leggi generali che sono inerenti allo sviluppo dei fenomeni sia del mondo fisico che sociale, pianta per così dire le pietre miliari immutabili del corso progressivo dell'umanità, indicando agli uomini le condizione generali di cui è necessaria un'osservazione rigorosa e di cui l'ignoranza o la dimenticanza è sempre fatale. In una parola, la scienza, è la bussola della vita; ma non è la vita. La scienza è immutabile, impersonale, generale, astratta, insensibile, come le leggi di cui non è altro che la riproduzione ideale, riflessa o mentale, cioè cerebrale (per ricordarci che la scienza stessa non è che un prodotto materiale di un organo materiale dell'organizzazione materiale dell'uomo, il cervello). La vita è fuggitiva e passeggera, ma anche palpitante di realtà e di individualità, di sensibilità, di sofferenza, di gioie, di aspirazioni, di bisogni e di passioni. È lei sola che, spontaneamente, crea le cose e tutti gli esseri reali. La scienza non crea niente, constata e riconosce solamente le creazioni della vita. E tutte le volte che gli uomini della scienza, uscendo dal loro mondo astratto, si mescolano di creazioni viventi nel mondo reale, tutto quello che propongono o creano è povero, ridicolamente astratto, privo di sangue e di vita, nato morto simile all'omuncolo creato da Wagner, il discepolo pedante dell'immortale dottor Faust di Goethe. Il governo della scienza e degli uomini della scienza, che si chiamano loro stessi dei positivisti, non possono essere che impotenti, ridicoli, inumani, crudeli, oppressivi, sfruttatori, maliziosi. Possiamo dire degli uomini della scienza, come tali, ciò che ho detto dei teologi e dei metafisici: non hanno nè senso nè cuore per gli esseri individuali e viventi. Non si può neanche fargli un rimprovero, poiché è la naturale conseguenza del loro mestiere. Poiché gli uomini di scienza non devono, non possono interessarsi che alle generalità e alle leggi. Ciò che predico, è dunque, fino ad un certo punto la rivolta della vita contro la scienza, o piuttosto contro il comando della scienza. Non per distruggere la scienza – Dio non voglia! Sarebbe un crimine contro l'umanità, ma per rimetterla al suo posto, in modo che non possa più uscirne. La scienza ha per missione unica quella di illuminare la vita, non di governarla"

(Michail Bakunin)


"Gli adoratori della scienza divinizzata, come moderni Procuste, hanno creato un ideale di organizzazione sociale, uno stampo ristretto nel quale vorrebbero far rientrare a forza le generazioni future. Sarebbe triste per il genere umano se in tutte le epoche la speculazione teorica fosse la sola fonte di guida per la società, se spettasse soltanto alla scienza il compito del governo sociale. I sapienti, sempre presuntuosi, sempre boriosi e sempre impotenti, vorrebbero occuparsi di ogni cosa, e tutte le sorgenti della vita si disseccherebbero sotto il loro soffio astratto ed erudito. Date loro pieni poteri e li vedrete fare sugli esseri umani gli stessi esperimenti che oggi gli scienziati fanno su conigli e cani. La vita appassirebbe e la società umana diverrebbe un gregge muto e servile. Il dominio della scienza sulla vita può avere come solo risultato l'abbruttimento del genere umano. La più eccelsa delle intelligenze non basterebbe per abbracciare il tutto. La vita naturale e sociale deve primeggiare sulla teoria, la quale è solo una delle sue manifestazioni e mai la sua creatrice. La teoria è sempre creata dalla vita, mai la crea."

(Michail Bakunin)

"Gli uomini sono servitori volontari perchè nascono servi e sono educati e cresciuti come tali. È il popolo che si assoggetta, si incatena da solo e potendo scegliere fra la servitù e la libertà rifiuta la sua indipendenza, mette il collo sotto il giogo, approva il proprio male, anzi se lo procura. Se gli costasse qualcosa riacquistare la libertà non continuerei a sollecitarlo; anche se riprendersi i propri diritti di natura e, per così dire, da bestia ridiventare uomo dovrebbe stargli il più possibile a cuore. È pur vero che all'inizio l'uomo serve a malincuore, costretto da forza maggiore; ma quelli che vengono dopo, non avendo mai visto la libertà e non sapendo neppure cosa sia, servono senza alcun rincrescimento e fanno volentieri ciò che i loro padri hanno fatto per forza. E così gli uomini che nascono con il giogo sul collo, nutriti e allevati nella servitù, senza sollevare lo sguardo un poco in avanti si accontentano di vivere come sono nati, e non riuscendo a immaginare altri beni e altri diritti da quelli che si sono trovati dinnanzi prendono per naturale la condizione in cui sono nati. Povera gente insensata, popoli ostinati nel male e ciechi nei confronti del vostro bene! Vi lasciate portar via sotto gli occhi tutti i vostri migliori guadagni, permettete che saccheggino i vostri campi, rubino nelle vostre case spogliandole dei vecchi mobili paterni. Vivete in condizione da non poter più vantarvi di tenere una cosa che sia vostra; e vi sembrerebbe addirittura di ricevere un gran favore se vi si lasciasse la metà dei vostri beni, delle vostre famiglie, della vostra stessa vita. Che male potrebbe farvi se non foste complici del brigante che vi deruba, dell'assassino che vi uccide, se insomma non foste traditori di voi stessi? Voi seminate i campi per farvi distruggere il raccolto; riempite di mobili e di vari oggetti le vostre case per lasciarveli derubare; allevate le vostre figlie per soddisfare le sue voglie e i vostri figli perché il meglio che loro possa capitare è di essere trascinati in guerra, condotti al macello, trasformati in servi dei suoi desideri e in esecutori delle sue vendette; vi ammazzate di fatica perché possa godersi le gioie della vita e darsi ai piaceri più turpi; vi indebolite per renderlo più forte e più duro nel tenervi corta la briglia. E questo sarebbe un vivere felice? Si può chiamare vita questa? C'è al mondo qualcosa che risulti essere più insopportabile di una simile situazione, non dico per una persona di nobili origini, ma semplicemente per chiunque abbia un po' di buon senso o quantomeno un'ombra di umanità? Quale condizione è più miserabile di questa, in cui non si ha niente di proprio ma tutto, benessere, libertà, perfino, la vita stessa, viene ricevuto da altri? Costoro vogliono servire per accumulare dei beni come se quello che guadagnano fosse loro, mentre non possono dire di possedere neppure se stessi."

(Etienne De La Boétie, Discorso Sulla Servitù Volontaria)

"L'uomo non è un essere i cui unici scopi nella vita siano mangiare, bere, procurarsi un rifugio. Una volta soddisfatte le necessità materiali, si fanno sentire altre necessità che, generalmente parlando, si possono definire di natura artistica. Queste necessità sono diversissime; variano da un individuo all'altro, e quanto più civile sarà una società, quanto più sarà sviluppata l'individualità, tanto più diversi saranno i desideri."

(Petr Kropotkin)

"L'assa foetida puzza, il serpente mi morde, il mentitore mi inganna? La pianta, il rettile e l'uomo, tutti e tre, obbediscono a un bisogno della loro natura. E sia! Ebbene, anch'io obbedisco a un bisogno della mia natura, odiando la pianta che puzza, il serpente che uccide col suo veleno e l'uomo che è ancora più velenoso della bestia. E agirò di conseguenza, senza rivolgermi né al diavolo, che non conosco affatto, né al giudice che detesto ancora più del serpente. Io, e tutti coloro che condividono le mie antipatie, obbediamo a un bisogno della nostra natura. Vedremo quale dei due ha dalla sua la ragione e, quindi, la forza."

(Pëtr Kropotkin, La morale anarchica)

"Dichiarandoci anarchici, proclamiamo di rinunciare a trattare gli altri come non vorremmo essere trattati da noi; che non tollereremo più l'ineguaglianza che ha permesso ad alcuni di noi di esercitare la loro forza o la loro astuzia o la loro abilità in un modo ripugnante. Ma l'uguaglianza in tutto – sinonimo di equità – è l'anarchia
stessa"

(Pëtr Kropotkin, La morale anarchica)

"Non temiamo di dire: "Fa' quel che vuoi, fa' come vuoi",
perché siamo persuasi che l'immensa massa degli uomini, man
mano che sarà illuminata e si libererà delle pastoie attuali, agirà
sempre in una certa direzione utile alla società, così come
siamo sicuri che il bambino camminerà un giorno sui suoi
piedi, e non a quattro zampe, semplicemente perché è nato da
genitori appartenenti alla specie umana."

(Pëtr Kropotkin, La morale anarchica)


"Ognuno è anarchico: è questo l'aspetto normale in lui. Vero è
ch'esso viene condizionato fin dal primo giorno da padre e
madre, da Stato e società. Sono potature, spillamenti abusivi di
quella forza primigenia cui nessuno sfugge. Occorre
rassegnarvisi. Ma l'elemento anarchico rimane nel fondo come
un segreto, per lo più inconscio al soggetto stesso. Può
prorompere fuori come lava, può distruggerlo, può liberarlo."

(Ernst Junger, Eumeswil)


"Lasciate gli uomini assolutamente liberi, non mutilateli le
religioni lo hanno già fatto abbastanza. Non temete nemmeno
le loro passioni: in una società libera, esse non
rappresenteranno alcun pericolo. Purché non abdichiate alla
vostra libertà; purché non vi lasciate asservire dagli altri;
purché alle passioni violente ed antisociali di un tale individuo
opponiate le vostre passioni sociali, ugualmente vigorose.
Allora non avrete da temere nulla dalla libertà."

(Charles Fourier)

"Un saggio non prende in considerazione nè bada a ciò che il basso volgo mormora."

(Emanuel Schikaneder – Il Flauto Magico)


"Due anime, ahimè, albergano nel mio petto e vi si guerreggiano continuamente.
L'una, con intensa bramosia, si tiene alla terra e vi si aggrappa duramente cogli organi del corpo; l'altra si leva impetuosa su questo oscuro soggiorno, verso la nobile sede da cui originò."

(Goethe, Faust)


"Non si crede in Dio, ma lo si vede, cogliendo gli archetipi o attributi divini che sono l'essenza, la causa formale delle cose."

(Johann Wolfgang von Goethe)


"Tutto ciò che è transitorio è solo un simbolo."

(Goethe)


"Il Vero è simile al Divino: non appare mai immediatamente; noi dobbiamo indovinarlo dalle sue manifestazioni"

(Goethe)

"Ognuno vede nel mondo ciò che porta nel suo cuore."

(Goethe)

"Si inizia ad essere liberi solo quando ci si accorge di essere condizionati."

(Goethe)


"Da ogni forza che incatena il mondo, l'uomo si libera se consegue controllo di sè."

(J.W. Goethe)


"La vera religione consiste nel rispetto dell'uomo per se stesso."

(Goethe)


"Condividiamo spesso il nostro mondo interiore, con la pretesa che una massa di analfabeti sappia leggerlo."

(Goethe)


"Chi tutto abbraccia, chi tutto sostiene, non abbraccia forse e sostiene te, me e se stesso? Forse che in alto non s'incurva il cielo? E sotto i nostri piedi non sta salda la terra? E le stelle eterne sorgendo non ci brillano incontro d'amorosa luce? Non guarda forse il mio occhio nel tuo, e non s'affolla ogni cosa al tuo capo e al tuo cuore, operando visibile e invisibile in eterno mistero intorno a te? Di questo riempi il tuo cuore, per quanto grande è: e quando in questo sentire tu ti trovi veramente beato, chiamalo pure allora come vuoi; chiamalo felicità, cuore, amore, Dio: per codesto io non ho nome alcuno. Sentimento è tutto. Il nome è soltanto suono e fumo, che offusca lo splendore del cielo. Per quanto il mondo faccia pagar caro il sentimento, l'uomo, quand'è commosso, sente nel profondo l'immensità."

(J.W. Goethe – Faust)


"L'uomo è dotato di ragione, tuttavia egli se ne serve soltanto per essere più bestia delle bestie stesse."

(J.W. Goethe)


"Solo se sei pronto a considerare l'impossibile sei pronto a scoprire qualcosa di nuovo."

(W. Goethe)


"Tutto ciò che colpisce il senso corporeo io lo ritengo simbolico, un unico possente alfabeto per menti infantili; e noi in questo basso mondo con le spalle voltate alla luminosa Realtà, affinchè possiamo imparare con fresca, integra comprensione, la sostanza dall'ombra."

(S.T. Coleridge)

"Poniti dinanzi agli eventi come un bambino, e sii pronto ad abbandonare ogni preconcetto. Vai umilmente dovunque e in qualunque abisso la Natura ti conduca, o non apprenderai nulla."

(T.H. Huxley)

"Allora, sebbene gli sforzi che l'uomo fa giornalmente per giungere alla meta delle sue ricerche, abbiano così raramente successo, non si deve credere per questo che tale meta sia immaginaria, ma solamente che l'uomo s'inganna sulla strada che vi conduce e che ne è per conseguenza privato, poiché non conosce neppure il cammino per il quale deve procedere."

(Louis Claude de Saint Martin)


"Il mistero è alla base di ogni scienza. Immaginate qualsiasi scienza vogliate, seguite il magnifico susseguirsi delle sue deduzioni; quando arrivate alla sorgente che la genera, vi trovate faccia a faccia con lo sconosciuto."

(Edward Bulwer-Lytton)


"Se l'uomo cessa di esistere quando scompare nella tomba, siamo costretti ad affermare che è l'unica creatura esistente che la natura o la provvidenza abbiano voluto ingannare e truffare dandogli capacità per le quali non vi è alcun valido scopo."

(Edward Bulwer-Lytton)


"Spesso in un momento è racchiuso il senso dell'eternità; poiché quando si è profondamente felici, noi sappiamo ch'è impossibile morire. Ogni qualvolta l'anima sente se stessa, sente vita imperitura."

(Edward Bulwer Lytton)

"L'uomo è arrogante in proporzione della sua ignoranza. Per parecchi secoli l'uomo ha visto negli innumerevoli mondi che scintillano nello spazio, solo delle piccole candele che la Provvidenza si è compiaciuta di accendere senza altro scopo che di rendere la notte più gradevole all'uomo. L'astronomia ha corretto questa illusione della vanità umana, e l'uomo adesso confessa con riluttanza che le stelle sono mondi più grandi e più gloriosi del suo proprio."

(Edward Bulwer-Lytton)


"Lo specchio dell'anima non può riflettere insieme la terra e il cielo; e l'una svanisce dalla sua superficie quando l'altro è riflesso nella sua profondità."

(Edward Bulwer-Lytton)


"L'incosciente non avrebbe mai intrapreso il vasto e laborioso compito di evolvere l'Universo, se non avesse avuto la speranza di raggiungere la chiara Autocoscienza."

(Hegel)


"Lo stolto non vede lo stesso albero che vede il saggio. Chi non vede in una luce più chiara e migliore di quella del nostro occhio destinato alla decomposizione, in realtà non vede nulla."

(William Blake)

"Quando le porte della percezione sono spalancate, le cose appaiono come veramente sono: infinite; perché l'uomo si è rinchiuso, fino a vedere le cose attraverso le strette fessure della sua caverna.
Vedere un mondo in un granello di sabbia e un paradiso in un fiore selvatico, tenere l'infinito nel palmo della mano e l'eternità in un'ora."

(William Blake)


"Ti vedo in mille immagini
amabilmente figurata,
ma nessuna può rappresentarti
quale la mia anima ti ha veduta.
So solo che il tumulto del mondo
da allora mi è svanito come un sogno,
e un cielo d'indicibile dolcezza
mi sarà nell'animo per sempre."

(Novalis, Canti Spirituali)


"A colui che non avrà saputo che amare corpi, forme, apparenze, la morte toglierà tutto. Chi ama le anime, le ritroverà."

(Victor Hugo)

"C'è uno spettacolo più grandioso del mare, ed è il cielo; c'è uno spettacolo più grandioso del cielo, ed è l'interno di un'anima."

(Victor Hugo)

"La bellezza è verità, la verità è bellezza: questo è tutto ciò che voi sapete in terra e tutto ciò che vi occorre sapere."

(John Keats)


"Lascia che l'anima rimanga fiera e composta di fronte ad un milione di universi."

(Walt Whitman)


"Quasi tutte le persone sono altre persone; i loro pensieri sono le opinioni di qualcun altro, le loro passioni una citazione, le loro esistenze una parodia."

(Oscar Wilde)


"Qualunque influenza è immorale, perchè influenzare qualcuno significa dargli la propria anima. Egli non pensa più con i suoi pensieri spontanei, né arde delle sue passioni spontanee. Non ha virtù proprie. I suoi peccati, se cose come i peccati esistono, sono presi a prestito. Diventa l'eco della musica suonata da un altro, l'interprete di una parte che non è stata scritta per lui. Lo scopo della vita è lo sviluppo di noi stessi. La perfetta realizzazione della nostra natura: questa è la ragione della nostra esistenza. Oggi l'uomo ha paura di sé. Ha dimenticato il più elevato di tutti i doveri, il dovere che ciascuno di noi ha nei confronti di se stesso. Naturalmente è caritatevole, dà da mangiare agli affamati e veste i mendicanti, ma la sua anima langue ed è nuda. Il coraggio ha abbandonato la nostra specie, o forse non lo abbiamo mai realmente avuto. Il timore della società, che è il fondamento della morale, il terrore di Dio, che è il segreto della religione, sono le due cose che ci governano. La maggior parte della gente di oggi muore di una specie di senso comune strisciante e scopre, quando è ormai troppo tardi, che le sole cose che non si rimpiangono mai, sono gli errori."

(Oscar Wilde)

"La sicurezza della società sta nell'abitudine e nell'istinto incosciente, e la base della stabilità della società è l'assenza completa di qualsiasi tipo di intelligenza tra i suoi membri. La grande maggioranza delle persone che è pienamente consapevole di questo, si allinea naturalmente dalla parte di quello splendido sistema che la eleva alla dignità di macchine, e infierisce così selvaggiamente contro l'intrusione della facoltà intellettuale in qualsiasi questione che riguardi la vita, da far venire la tentazione di definire l'uomo come un animale razionale che perde sempre la sua calma quando è chiamato ad agire in accordo con i dettati della ragione."

(Oscar Wilde)

"Nessuno può essere libero se è costretto ad essere simile ad altri."

(Oscar Wilde)

"Bene e male, peccato e innocenza, attraversano il mondo tenendosi per mano. Chiudere gli occhi di fronte a metà della vita per vivere in tranquillità è come accecarsi per camminare con maggior sicurezza in una landa disseminata di burroni e precipizi."

(Oscar Wilde)


"Lo sviluppo della razza dipende dallo sviluppo dell'individuo, e quando l'individuo non ha più per ideale la coltura del proprio spirito, il suo livello intellettuale deteriora immediatamente e non di rado finisce col perdersi. Preso nel suo complesso, il mondo è un mostro pieno di pregiudizi, affardellato di preconcetti, corrotto dalle cosiddette virtù; esso è un puritano e un fatuo. Il segreto della vita è l'arte di sfidarlo. Sfidare il mondo, ecco quale dovrebbe essere il nostro scopo, invece di vivere per accondiscendere alle sue pretese, come facciamo per lo più."

(Oscar Wilde)


"Al giorno d'oggi si sa il prezzo di tutto, ma il valore di niente."

(Oscar Wilde)


"Siamo tutti nati nel fango, ma alcuni di noi guardano alle stelle."

(Oscar Wilde)

"Basterebbe all'uomo di oggi arrestarsi un istante dalla sua attività e riflettere, commisurare le esigenze della sua ragione e del suo cuore con le attuali condizioni dell'esistenza, per accorgersi che tutta la sua vita, tutte le sue azioni sono in una contraddizione continua ed eclatante con la sua coscienza, la sua ragione ed il suo cuore. Pertanto, se io fossi chiamato a dare un unico consiglio agli uomini, quello che giudicassi il più utile agli uomini del nostro secolo, io non direi loro che una cosa: in nome di Dio fermatevi per un istante, smettete di lavorare, guardatevi intorno, pensate a ciò che siete, pensate a ciò che dovreste essere, mirate ad un ideale."

(Lev Tolstoj)


"L'uomo deve capire e ricordare che la verità non può mai venire scoperta tutta, ma si rivela piano piano alla gente e si rivela soltanto a coloro che la cercano e non credono a tutto ciò che gli dicono intermediari falsamente 'santi', i quali pensano di possederla. Perciò l'uomo non deve considerare nessuno come un maestro che non può mai sbagliare, ma deve cercare la verità dovunque in tutte le tradizioni umane e controllare poi con la sua ragione."

(Lev Tolstoj)


"Loro (la gente) mi giudichino pure come vogliono, posso ingannare loro, ma non ingannerò me stesso."

(Lev Tolstoj)

"Volevo il movimento, non un'esistenza quieta. Volevo l'emozione, il pericolo, la possibilità di sacrificare qualcosa al mio amore. Avvertivo dentro di me una sovrabbondanza di energia che non trovava sfogo in una vita tranquilla."

(Lev Tolstoj)


"Perché un uomo possa vivere, egli deve, o non vedere l'infinito, oppure avere una spiegazione del senso della vita tale per cui il finito venga eguagliato all'infinito."

(Lev Tolstoj)


"Il denaro non rappresenta altro che una nuova forma di schiavitù impersonale, al posto dell'antica schiavitù personale."

(Lev Tolstoj)


"Non possiamo fingere di non sapere. Non siamo struzzi e non possiamo credere che se ci rifiutiamo di guardare ciò che non desideriamo vedere, questo non esisterà."

(Lev Tolstoj)


"La liberazione della gente dalla sua umiliazione, schiavitù ed ignoranza avverrà non attraverso rivoluzioni, unioni operaie o congressi della pace, ma attraverso un semplice fatto: quando ogni uomo che sarà invitato a partecipare alla violenza contro i suoi fratelli e contro se stesso, rendendosi conto del suo vero "Io" spirituale, con stupore si chiederà: "Ma perchè devo fare questo?". Può esserci una vita migliore solo allora, quando la coscienza morale delle persone migliorerà, e perciò tutti gli sforzi delle persone devono essere diretti al cambiamento dalla propria coscienza e di quella degli altri."

(Lev Tolstoj)


"Noi viviamo una vita folle, contraria ai più semplici ed elementari dettati del buon senso, ma poichè questa vita viene vissuta da tutti o dalla stragrande maggioranza, noi non vediamo più la differenza fra follia e ragione e consideriamo ragionevole la nostra folle vita. È divenuto per me evidente che la maggioranza dell'umanità nel nostro tempo vive una vita in totale opposizione sia alla ragione, che al sentimento, sia all'utilità che al benessere di tutti e si trova probabilmente in uno stato di pazzia, di follia temporanea, ma totale."

(Lev Tolstoj)


"L'uomo per poter ricevere tutto il bene che gli è possibile, deve non ingannare se stesso e capire la propria situazione esistenziale. In che consiste la vera condizione dell'uomo sulla terra e in che consiste quell'inganno che rende l'uomo infelice? L'inganno consiste nel fatto che gli uomini si dimenticano della morte; dimenticano che essi in questo mondo non vivono, ma passano. In questo inganno si trovano i bambini, ma molto spesso anche gli adulti, perfino in vecchiaia, non pensano alla morte; vivono così come se la morte non ci fosse, come se fossero certi di vivere eternamente. Queste persone solo al momento della morte capiscono la loro vera condizione e con terrore, ma ormai troppo tardi, scorgono l'orrore irrimediabile di tutta la loro vita. Pertanto, se io fossi chiamato a dare un unico consiglio agli uomini del nostro secolo, io non direi loro che una cosa: in nome di Dio fermatevi per un istante, smettete di lavorare, guardatevi intorno, pensate a ciò che siete, pensate a ciò che dovreste essere, mirate ad un ideale. Basterebbe all'uomo di oggi di arrestarsi un istante alla sua attività e riflettere, commisurare le esigenze della sua ragione e del suo cuore con le attuali condizioni dell'esistenza, per accorgersi che tutta la sua vita, tutte le sue azioni sono in contraddizione continua ed eclatante con la sua coscienza, la sua ragione ed il suo cuore."

(Lev Tolstoj)


"Nel mondo intero ci sono più di un miliardo di contadini ed operai: mille milioni. Tutto il pane, tutte le merci del mondo, tutto ciò di cui vivono gli uomini, tutto ciò che costituisce la loro ricchezza è fatto dalla massa di questi lavoratori. Ma questi non traggono vantaggio da quel che producono; sono i ricchi ed il governo che ne approfittano. Il popolo lavoratore, lui, vive nella perpetua miseria, nell'ignoranza, nella servitù, disprezzato da quelli stessi ch'egli veste, ch'egli nutre, ai quali costruisce le abitazioni, e che egli serve. La terra gli è tolta e viene considerata proprietà di coloro che non la lavorano; in modo che per procurarsi da questa il nutrimento, il contadino deve fare tutto ciò che da lui esigono i proprietari della terra. E se abbandona la terra e si colloca al lavoro nelle officine, nelle fabbriche, allora cade in servitù dei ricchi, deve lavorare per tutta la sua vita, dieci, dodici, quattordici ore al giorno e più, fare per altri un lavoro monotono, noioso e spesso pericoloso per la sua stessa vita. Egli può mettersi a coltivare la terra o a lavorare in proprio, in modo da nutrirsi senza miseria; ma allora non lo si lascia tranquillo, gli si chiedono le imposte e se rifiuta di pagarle, allora si mandano le truppe contro di lui, viene ferito o ucciso, e con la forza lo si costringe a lavorare e a pagare come prima. Così vivono i contadini e gli operai del mondo intero, non come uomini ma come bestie da soma, che sono forzati durante tutta la loro vita a fare non quel ch'è utile a loro, ma ciò che serve ai loro oppressori, e perciò si dà loro quel tanto di nutrimento, di vestiario e di riposo appena necessario, perchè essi possano lavorare senza tregua. La minoranza degli uomini, quella che domina il popolo lavoratore, approfittando di tutto quel che questo produce, vive nell'ozio e nel lusso sfrenato, sprecando inutilmente, in modo immorale, il prodotto del lavoro di milioni di operai. Così vivono la maggior parte degli uomini del mondo intero."

(Lev Tolstoj)


"Gli uomini di genio sono incapaci di studiare in gioventù perché sentono inconsciamente che bisogna imparare tutto in modo diverso da come lo impara la massa."

(Lev Tolstoj)


"Data una società ed una civiltà come le attuali, nel Ribelle, in colui che non si adatta, nell'asociale, è in via di principio, da vedersi l'uomo sano. Quando tutte le istituzioni divengono equivoche o addirittura sospette, e persino nelle chiese si sente pregare ad alta voce per i persecutori, anziché per le vittime, la responsabilità morale passa nelle mani del singolo, o meglio del singolo che non si è ancora piegato. Il Ribelle è deciso ad opporre resistenza, il suo intento è dare battaglia, sia pure disperata. Ribelle è colui che ha un profondo, nativo rapporto con la libertà, il che si esprime oggi nell'intenzione di contrapporsi all'automatismo e nel rifiuto di trarne la conseguenza etica, che è il fatalismo."

(Ernst Jünger, Trattato del Ribelle)


"Il segreto dell'esistenza umana non sta soltanto nel vivere, ma anche nel sapere per che cosa si vive."

(Fëdor Dostoevskij)


"Tutti noi siamo persone, non tasti di pianoforte. Nessuno può trattarci come se fossimo tasti di pianoforte. Nessuno può schiacciarci per suonare la musica che piace a loro."

(Fëdor Dostoevskij)


"Tra il grigio delle pecore si celano i lupi, vale a dire quegli esseri che non hanno dimenticato che cos'è la libertà. E non soltanto quei lupi sono forti in se stessi, c'è anche il rischio che, un brutto giorno, essi trasmettano le loro qualità alla massa e che il gregge si trasformi in branco. È questo l'incubo dei potenti."

(Ernst Jùnger, Trattato del Ribelle)


"Non so per gli altri come sia, ma io sento che non posso fare come gli altri."

(Fedor Dostoevskij)

"La civiltà ha reso l'uomo più sanguinario di quanto non lo fosse un tempo."

(Fedor Dostoevskij)


"L'uomo è un enigma che dev'essere risolto, e chi va alla ricerca della soluzione per tutta la vita non può dire di aver sprecato il proprio tempo; io mi dedico a questo enigma poiché voglio essere un uomo."

(F. Dostoevskij)


"L'uomo ha una tale passione per il sistema e la deduzione logica, che è disposto ad alterare la verità per non vedere il vedibile, a non udire l'udibile pur di legittimare la propria logica."

(Fëdor Dostoevskij)


"Il pensare inizia solo quando noi abbiamo esperito che la ragione glorificata da secoli è la più ostinata nemica del pensare."

(Martin Heidegger)

"La maggior parte dell'Umanità visibile, la parte più debole, abita la sfera dell'Istintività. Gli Istintivi nascono, lavorano e muoiono senza elevarsi al secondo grado dell'intelligenza umana, l'Astrazione."

(Honorè De Balzac)


"Ogni volere scaturisce da una mancanza, quindi da una sofferenza; siccome ogni vita è necessariamente volere, è anche, necessariamente, sofferenza."

(Arthur Schopenhauer)


"Discorsi o idee intelligenti si possono esporre soltanto a una società intelligente; nella comune invece riescono odiosi poiché per piacere a questa è assolutamente necessario essere superficiali e di cervello limitato."

(Arthur Schopenhauer)


"È così: il nostro mondo civile non è che una grande mascherata. Vi si incontrano cavalieri, preti, soldati, dottori, avvocati, ecclesiastici, filosofi, e che altro ancora! Ma non sono, costoro, ciò che rappresentano: non sono altro che maschere, sotto le quali, di regola, si celano degli speculatori. Non capisco perchè mai, per riguardo verso l'altrui dabbenaggine, dovrei provare rispetto per la menzogna e per l'impostura. Ciò che io rispetto è la verità, di qualunque cosa si tratti; e, appunto per questo, non ho alcun rispetto per ciò che è contrario alla verità. La sua luce, in questo mondo, non potrà mai risplendere finchè voi continuerete a tenere le menti in catene, come state facendo."

(Arthur Schopenhauer)


"Quanto più uno possiede se stesso, di tanto meno egli necessita del mondo esterno. Ecco perché la superiorità dello spirito rende poco socievoli."

(Arthur Schopenhauer)


"L'inizio della teologia è la paura: se gli uomini fossero felici, non sorgerebbe mai una teologia. Nel Medioevo il popolo (cittadini e contadini) era il bestiame da soma e da ingrasso dei cavalieri e dei chierici. I primi dominavano apertamente con la forza, i secondi con la menzogna e la frode. Non sono mai mancate persone che sfruttassero il più possibile il bisogno metafisico dell'uomo, facendone la fonte del loro sostentamento. Perciò esistono in tutti i popoli i monopolizzatori e gli appaltatori del bisogno metafisico: i preti. Il loro mestiere dovette però essere dappertutto garantito con la concessione del diritto di imprimere molto presto i loro dogmi metafisici negli uomini, ancor prima che la capacità di giudizio si svegli dal suo leggero sonno del mattino, ossia nella prima infanzia: è il momento in cui qualsiasi dogma ben impresso, per quanto insensato possa essere, si fisserà per sempre. Se i preti dovessero aspettare la maturità di giudizio, i loro privilegi non potrebbero esistere. Infatti, la più sicura garanzia per un durevole possesso delle menti viene loro data dall'inestimabile privilegio di inculcare nei bambini i loro dogmi, i quali s'imprimono in loro fino a diventare una specie di secondo intelletto innato. Mediante il precoce indottrinamento, in Europa si è arrivati al punto che la credenza in un dio personale è letteralmente diventata, in quasi tutti, un'idea fissa. Già solo il presentarsi come verità rivelata è il marchio dell'inganno, e costituisce, per uno che pensi, una sollecitazione all'ostilità. Solo quando il mondo sarà diventato abbastanza onesto da non impartire lezioni di religione ai ragazzi prima del quindicesimo anno di età ci si potrà aspettare qualche cosa da esso."

(Arthur Schopenhauer – O Si Pensa, O Si Crede)

"Ogni uomo considera i limiti della propria visione personale come i limiti del mondo."

(Arthur Schopenhauer)

"Ciascuno di noi sente di essere qualcos'altro da un essere creato, un giorno, dal nulla a opera di qualcun altro; e da tale consapevolezza, nasce in lui la certezza che la morte può porre termine alla sua vita, ma non però alla sua esistenza. Se avessimo indagato a fondo la nostra essenza, interamente, fino al suo intimo, troveremmo ridicolo pretendere che l'individuo sia immortale; perchè ciò significherebbe rinunciare a quell'essenza in sè per una sola delle sue innumerevoli manifestazioni. Nell'attimo della morte ci rendiamo conto che un mero inganno aveva limitato la nostra essenza alla nostra persona particolare."

(Arthur Schopenhauer)

"Il mattino è la gioventù del giorno; tutto è sereno, fresco, lieve. Noi ci sentiamo forti e abbiamo a disposizione tutte le nostre capacità. La sera per contro è la vecchiaia del giorno: di sera noi siamo fiacchi, ciarlieri incostanti. Ogni giorno è una piccola vita, ogni risveglio e ogni levata una piccola nascita, ogni fresco mattino una piccola gioventù e ogni andare a letto a addormentarsi una piccola morte."

(Arthur Schopenhauer)


"L'amore è una droga che la natura somministra ai suoi figli per indurli a fare ciò che essa vuole. L'istinto sessuale è comune a tutti gli esseri viventi. L'uomo ha voluto spiritualizzarlo e l'ha chiamato amore, ma questo non serve a niente: l'innamorato che scrive madrigali per la sua bella non fa niente di diverso, nella sostanza, del merlo che fischia sul ramo. Lo scopo, metafisicamente parlando, è identico: perpetuare la specie. Si tratta di una passione tirannica e cieca, che nei gradi più alti della sua intensità è capace di travolgere tutto, anche la vita stessa di chi ne è irretito. E se ne capisce il perchè, se si pensa che dall'amore dipende la perpetuazione della specie. Una cosa di tale importanza non poteva essere lasciata all'arbitrio degli individui e così la natura, per ottenere il suo scopo, fa nascere nell'individuo una sorta di illusione, in virtù della quale a lui sembri un bene per se stesso ciò che in realtà è solo un bene per la specie, così che serva questa mentre s'illude di servire se stesso. Siccome la passione si basava, per l'appunto, su una illusione, che faceva sembrare prezioso per l'individuo ciò che ha valore solo per la specie, è naturale che l'inganno scompaia dopo che la specie abbia ottenuto il suo scopo. Lo spirito della specie, che si era impadronito dell'individuo, lo lascia di nuovo libero. Così, abbandonato da tale spirito, l'individuo ricade nella sua limitatezza e nella sua miseria originale, e constata con stupore che, dopo aspirazioni così alte, eroiche e infinite, il suo piacere non è stato diverso da quello che può offrire qualsiasi appagamento sessuale; contrariamente alla sua aspettativa, egli non si ritrova più felice di prima, si accorge di essere stato ingannato dallo spirito della specie."

(Arthur Schopenhauer – Metafisica dell'Amore Sessuale)

"La vita somiglia a una bolla di sapone che continuiamo a gonfiare il più a lungo possibile, ma con l'assoluta certezza che scoppierà. Un ottimista mi dice di aprire gli occhi e di vedere come sia bello il mondo con le sue montagne, le sue piante, l'aria, gli animali e così via. Queste cose sono certamente belle a vedersi, ma "esserle" è qualche cosa di completamente diverso. Il mondo è forse un caleidoscopio? Ma lo si guardi una buona volta, questo mondo di esseri sempre bisognosi, i quali esistono per un po' di tempo solo a condizione che l'uno divori l'altro, che passano la vita nell'angoscia e nella pena, soffrendo spesso tormenti atroci, per poi cadere, alla fine, in braccio alla morte. Dei mali della vita ci si consola pensando alla morte e della morte pensando ai mali della vita. Una piacevole condizione. Ciò che ha valore non viene preso in considerazione e ciò che viene preso in considerazione non ha valore. Tutti vogliono vivere, ma nessuno sa perchè vive. Veniamo adescati alla vita dall'istinto illusorio delle voluttà e ci tiene legati ad essa la paura, altrettanto illusoria, della morte. Cosa ci si può aspettare da un mondo in cui quasi tutti vivono solo perchè non hanno ancora trovato il coraggio di spararsi? Si dica ciò che si vuole! Il momento più felice di chi è felice è quando si addormenta, come il momento più infelice di chi è infelice è quando si risveglia."

(Arthur Schopenhauer)

"Volere il meno possibile e conoscere il più possibile: è la massima che ha guidato la mia vita."

(Arthur Schopenhauer)


"Alcuni porcospini, in una fredda giornata d'inverno, si strinsero vicini, vicini, per proteggersi, col calore reciproco, dal rimanere assiderati. Ben presto, però, sentirono le spine reciproche; il dolore li costrinse ad allontanarsi di nuovo l'uno dall'altro. Quando poi il bisogno di riscaldarsi li portò nuovamente a stare insieme, si ripeté quell'altro malanno; di modo che venivano sballottati avanti e indietro fra due mali. finché non ebbero trovato una moderata distanza reciproca, che rappresentava per loro la migliore posizione. Così il bisogno di società, che scaturisce dal vuoto e dalla monotonia della propria interiorità, spinge gli uomini l'uno verso l'altro; le loro molteplici repellenti qualità e i loro difetti insopportabili, però, li respingono di nuovo l'uno lontano dall'altro. La distanza media, che essi riescono finalmente a trovare e grazie alla quale è possibile una coesistenza, si trova nella cortesia e nelle buone maniere. A colui che non mantiene quella distanza, si dice in Inghilterra: "keep your distance!". Con essa il bisogno del calore reciproco è soddisfatto in modo incompleto, in compenso però non si soffre delle spine altrui. Colui, però, che possiede molto calore interno preferisce rinunciare alla società, per non dare né ricevere sensazioni sgradevoli."

(Arthur Schopenhauer)

"In tutto ciò che noi facciamo o tralasciamo si prende per lo più in considerazione l'opinione altrui prima di ogni altra cosa, e da tale preoccupazione vediamo sorgere quasi la metà di tutte le afflizioni e le ansie da noi provate. Questa preoccupazione infatti sta alla base di ogni sentimento della nostra dignità, tanto spesso offeso poichè così morbosamente sensibile, di tutte le nostre vanità e presunzioni, come pure delle nostre millanterie e fanfaronate. L'opinione contraria rende infelici. Quando si esclama con enfasi: "più che la vita conta ancora l'onore", ciò significa propriamente: "l'esistenza e il benessere non contano nulla, e l'essenziale è ciò che gli altri pensano di noi". Quando si vede per contro come quasi tutto ciò cui gli uomini aspirano instancabilmente per tutta la loro vita, con sforzi irrequieti e tra mille pericoli e fatiche, equivalga, come scopo ultimo all'innalzarsi in tal modo nell'opinione del prossimo (dal momento che non solo le cariche, i titoli e le onoreficienze, ma anche la ricchezza e persino la scienza e l'arte, sono ricercati in fondo solo per la ragione suddetta, dal momento che il fine supremo cui si tende è il maggiore rispetto degli altri), si deve concludere che tutto ciò dimostra soltanto la grandezza della follia umana. Tutto dipende sempre da cosa uno sia e abbia quindi in se stesso, poichè la sua individualità l'accompagna sempre e ovunque, e da essa è colorito tutto ciò che egli vive. Ciascuno dev'essere necessariamente per se stesso, ciò che di meglio egli è: quanto di tutto questo si rispecchia nel cervello di altri, e quanto egli vale nella loro opinione, è qualcosa di secondario e può essere per lui solo di un interesse subordinato. Ciò che uno è per se stesso, ciò che lo accompagna nella solitudine e che nessuno può dargli nè prendergli, è per lui più essenziale di tutto quanto egli può essere agli occhi degli altri, o di quanto egli è in grado di possedere. Ciononostante gli uomini si preoccupano mille volte di più di procurarsi ricchezze che non un'educazione spirituale, quando invece è assolutamente certo che ciò che si è contribuisce molto di più alla nostra felicità che non ciò che si ha. Noi vediamo quindi molti sforzarsi dal mattino alla sera, con un'attività incessante e con un'alacrità degna delle formiche, per aumentare le ricchezze esistenti. Costoro non conoscono nulla all'infuori del campo ristretto dei loro mezzi necessari a tale fine: il loro spirito è vuoto, insensibile ad ogni altra cosa. I godimenti più alti, quelli spirituali, sono inattingibili da costoro essi cercano invano di sostituirli, permettendosi di tanto in tanto piaceri fuggevoli, sensuali, piaceri cioè che richiedono poco tempo e molto denaro. Simili persone aspirano vanamente a sostituire con la ricchezza esteriore quella interiore, volendo ricevere tutto dal di fuori. Alla fine della loro vita essi si trovano dinanzi come risultato, se la fortuna è stata favorevole, un grande mucchio di denaro, che lasciano agli eredi, perchè lo aumentino o lo sperperino. Una simile vita, per quanto sostenuta sin in fondo con un atteggiamento di grande serietà e importanza, è altrettanto folle quanto molte altre. È una grande stoltezza perdere "interiormente", per guadagnare "esteriormente", cioè abbandonare del tutto o in gran parte la propria tranquillità, il proprio ozio e la propria indipendenza, per posizioni brillanti, sfarzi, titoli e onori. L'uomo comune si dirige, in quel che riguarda il godimento della sua vita, a cose fuori di lui, cioè al possedere, alla posizione, alla moglie e ai figli, ad amici, alla società, eccetera, e su tutto ciò si appoggia la felicità della sua vita, la quale naturalmente cade, quando egli perde ciò che si è detto, o si vede ingannato in proposito. Per esprimere tale rapporto, possiamo dire che il suo baricentro cade al di fuori di lui. Proprio per questo egli ha desideri e capricci continuamente mutevoli: se i suoi mezzi lo permettono, ora diverrà proprietario di terre, ora comprerà cavalli, ora darà delle feste, ora farà dei viaggi, tutto sommato cioè sfoggerà un gran lusso. In ogni cosa infatti egli cerca un soddisfacimento dall'esterno. Un individuo ricco interiormente non ha bisogno dall'esterno di null'altro se non di un dono negativo, cioè di un libero ozio, per formare le sue capacità spirituali, per svilupparle e per poter godere della sua ricchezza intima, ha cioè bisogno propriamente soltanto del permesso di poter essere se stesso per tutta la vita, giorno per giorno, ora per ora. Di un tale uomo soltanto noi possiamo quindi dire, che il baricentro cada completamente in lui. Dal che si può spiegare il fatto, che gli uomini, estremamente rari, di questa specie, anche se sono di carattere molto buono, non sono capaci di quella partecipazione intima e illimitata alla vita degli amici, della famiglia e della comunità, che molti altri posseggono. Di conseguenza sta in loro un elemento, dagli altri non posseduto, di isolamento, il quale è tanto più efficace, in quanto gli altri uomini non bastano loro mai del tutto, per il fatto che i geni non possono mai vedere alcuno che sia loro del tutto simile. Poichè anzi quanto vi è di eterogeneo in tutti gli altri viene da loro continuamente sentito, essi si abituano a poco a poco ad aggirarsi tra gli uomini come esseri di un'altra natura. Frattanto si deve avere pazienza. Un uomo di retto discernimento in mezzo a individui infatuati assomiglia infatti a una persona la quale venga a trovarsi, con un orologio che va perfettamente, in una città dove gli orologi delle torri segnano tutti un'ora falsa. Egli solo sa l'ora giusta, ma ciò non gli frutta nulla. Tutti quanti si regolano secondo gli orologi che segnano l'ora falsa, anche coloro cui sia noto che soltanto il suo orologio segna l'ora esatta. Per ognuno dunque la parte migliore e prevalente sarà in lui stesso e sarà prodotta da lui; quanto più questo si verificherà e quanto più quindi ciascuno troverà in se stesso le fonti dei propri piaceri, tanto più felice egli sarà. Nella vecchiaia poi, tutte le fonti esterne della felicità e del piacere inaridiscono necessariamente quasi tutte: l'amore, la voglia di scherzare, di viaggiare, e la prestanza nella società ci vengono meno, e persino gli amici e i parenti ci sono sottratti dalla morte. In tal caso, più che mai, tutto dipende da cosa uno abbia in se stesso.

Quanto più rilevante è infatti ciò che uno ha in se stesso, tanto meno egli ha bisogno dell'esterno, e tanto meno inoltre possono significare gli altri per lui. L'individuo dell'altra estremità per contro, non appena il bisogno gli conceda un attimo di respiro, cercherà passatempo e compagnia a ogni costo, e si contenterà facilmente di tutto, evitando null'altro quanto se stesso. Nella solitudine infatti, in cui ciascuno è rimandato a se stesso, si mostra per l'appunto ciò che egli ha in sè: l'imbecille sospira allora sotto il peso, onde non può liberarsi, della sua individualità miserabile, mentre l'uomo dalle alte doti popola e rianima con i suoi pensieri il paesaggio più deserto. Com'è noto, i mali diventano leggeri quando sono sopportati in comune. Tra questi mali la gente sembra annoverare anche la noia, e si riunisce quindi per annoiarsi in comune. Di conseguenza si riscontrerà, tutto sommato, che ognuno è socievole nella misura in cui è spiritualmente povero, e in genere volgare."

(Arthur Schopenhauer – Parerga e Paralipomena)


"Non devono avere nessuna idea di come la verità sia bella, sia degna di essere amata, di quale gioia si provi nel seguirne le orme, di quale voluttà si provi nel godimento di essa, coloro che possono immaginare che chi ne ha contemplato il volto possa abbandonarla, rinnegarla, sfigurarla, per ottenere in cambio il loro plauso prostituito, o i loro impieghi, o il loro denaro, o addirittura i loro titoli di consiglieri aulici. Per chi ha giurato sulla bandiera della verità, quando si tratta di servirla ogni altra considerazione per qualsiasi altra cosa, è un vergognoso tradimento. Per questo Socrate non è sfuggito alla cicuta e Giordano Bruno al rogo."

(Arthur Schopenhauer)

"Chi ritiene che la sua esistenza sia limitata alla vita attuale, ritiene di essere un nulla animato; giacchè, sessant'anni fa non era nulla e fra sessant'anni sarà nulla di nuovo. Quanto più chiaramente una persona si rende consapevole della caducità e nullità della natura chimerica di tutte le cose, tanto più chiaramente si renderà consapevole anche dell'eternità della sua intima essenza. Quell'esistenza che non è interessata dalla morte dell'individuo non ha per sua forma nè il tempo nè lo spazio; ma tutto quello che per noi è reale ci appare in quelle forme, perciò la morte ci si presenta come annientamento. L'individuo finisce con la morte, ma l'individuo non è la nostra vera e ultima essenza, bensì una mera manifestazione di essa: non è la cosa in sè, ma solo la sua apparenza, che si rappresenta nella forma del tempo e conformemente a ciò, ha principio e fine. L'essenza in sè invece non conosce nè tempo, nè principio, nè fine. Ciascuno porta in se stesso il centro immobile di tutto il tempo infinito. La vita, in conseguenza di tutto ciò, può essere considerata come un sogno, e la morte come il risveglio. La personalità, l'individualità, appartiene alla coscienza che sogna e non a quella vigile; per questa ragione ad essa la morte si presenta come annientamento. In ogni caso, da questo punto di vista, la morte non deve essere considerata come il passaggio a uno stato per noi del tutto nuovo ed estraneo, ma piuttosto semplicemente come il ritorno allo stato nostro originario, come quello del quale la vita fu un breve episodio. Infatti, nella morte, la coscienza perisce, non invece ciò che l'aveva fino ad allora prodotta. Ne deriva che l'individualità non è perfezione, bensì limitazione: se conoscessimo interamente e fino in fondo la nostra essenza, cioè la volontà universale di vivere, ci apparirebbe puerile ed estremamente ridicola. Nel vedere scorrere questo nostro breve periodo di tempo potremmo diventar pazzi se nel più profondo

recesso della nostra essenza non vi fosse la segreta coscienza
che ci appartiene la sorgente inesauribile dell'eternità."

(Arthur Schopenhauer – Parerga e Paralipomena)


"L'unica maschera che ci può essere concessa è quella che sa
proteggere la nostra anima, a volte senza neanche nasconderla
bene. Le altre sanno solo farci comodo rendendo la vita un
triste carnevale. Verso la fine della vita avviene come verso la
fine di un ballo mascherato, quando tutti si tolgono la
maschera. Allora si vede chi erano veramente coloro coi quali
si è venuti in contatto durante la vita."

(Arthur Schopenhauer)


"La verità è stata in ogni tempo pericolosa compagna,
un'ospite ovunque sgradita, e anche rappresentata nuda, in
quanto non porta con sè nulla, non ha nulla da distribuire, e
vuol essere cercata soltanto per sè. Non si può servire al tempo
stesso due padroni così diversi come il mondo e la verità, i
quali non hanno assolutamente nulla in comune. Un tentativo
in questo senso conduce all'ipocrisia, all'adulazione, alla
doppiezza."

(Arthur Schopenhauer)


"L'uomo, di regola, ha troppa poca facoltà di giudizio, spesso
anche di conoscenza, per esplorare da sè la sua strada, perciò
ricalca volentieri le orme degli altri. La stella polare della
maggior parte degli uomini è l'esempio altrui, e tutto il loro
agire e operare, nelle cose grandi e nelle piccole, si riduce a

mera imitazione: non fanno per proprio parere la minima cosa. Imitazione e abitudine sono le molle della maggior parte delle azioni umane. La nostra situazione è davvero miserevole! Un brevissimo tempo per vivere, pieno di fatica, miseria, angoscia e dolore, senza minimamente sapere da dove veniamo, dove andiamo e perchè viviamo, e inoltre anche preti di tutte le razze con le loro rispettive "rivelazioni" in proposito, accompagnate da minacce contro i miscredenti. A ciò si aggiunga che ci guardiamo in volto e abbiamo rapporti reciproci come maschere con maschere, giacchè non sappiamo chi siamo; ma come maschere che non conoscono neppure se stesse."

(Arthur Schopenhauer)


"Colui che si alza in un aerostato, non vede se stesso salire, ma vede la terra abbassarsi sempre più. Che significa ciò? È un mistero, che soltanto gli iniziati possono comprendere."

(Arthur Schopenhauer)


"L'uso comune della parola "persona" per indicare l'individuo umano è, senza saperlo, pertinente: "persona" significa, infatti, la maschera di un attore, e in verità nessuno si fa vedere com'è; ognuno, invece, porta una maschera e recita una parte. In generale, l'intera vita sociale è un continuo recitar la commedia. Per tal ragione la vita di società riesce insipida a persone ricche di contenuto; mentre le teste superficiali se ne compiacciono assai."

(Arthur Schopenhauer)

"Perfino nella capacità di essere ammaestrato l'uomo supera tutti gli animali. I musulmani sono ammaestrati a rivolgere il volto verso la Mecca cinque volte al giorno e a pregare in questo atteggiamento: essi lo fanno immancabilmente. I cristiani sono ammaestrati a farsi il segno della croce in certe occasioni, a inchinarsi e così via; del resto la religione è, in genere, il vero capolavoro dell'ammaestramento, cioè l'ammaestramento della capacità di pensare; perciò, com'è noto, non è mai troppo presto iniziare quell'ammaestramento. Non vi sono assurdità così palesi, che non possano essere inculcate in tutti gli uomini, purchè si cominci prima del sesto anno di età a imprimergliele nella testa, ripetendole senza tregua e con la più solenne serietà. Infatti, come l'ammaestramento degli animali, così anche quello dell'uomo riesce perfettamente soltanto nella prima gioventù."

(Arthur Schopenhauer)


"Possiamo anche considerare la nostra vita come un futile episodio perturbatore nella beata pace del nulla. Se ci si rivolge, dalla considerazione del corso del mondo in generale e soprattutto della rapidissima successione delle generazioni umane e della loro pseudoesistenza, ai dettagli della vita umana, l'impressione che questo ci fa è da paragonare alla vista che procura, per mezzo del microscopio, una goccia d'acqua brulicante di infusori, o un altro invisibile mucchietto di vermicelli, la cui furiosa attività e contesa destano il nostro riso. Infatti, quella grande e seriosa attività ha un effetto comico. La nostra vita è di tipo microscopico: è un puntino indivisibile, che noi vediamo allungato per mezzo delle due forti lenti che sono lo spazio e il tempo, e perciò ci appare di grandezza considerevole. Il tempo è un apparato nel nostro cervello per dare, mediante la durata, una parvenza di realtà all'esistenza assolutamente nulla delle cose e di noi stessi. Prima di tutto: nessuno è felice, ma per tutta la vita aspira a una presunta felicità, che di rado raggiunge e, se la raggiunge, è solo per esserne deluso. Ciò che è stato non è più; e non è allo stesso modo di ciò che non è mai stato. Ma tutto ciò che è, nell'attimo successivo è già stato. Perciò il presente più insignificante ha, rispetto al passato più significativo, il vantaggio della realtà; sicchè il presente sta al passato come qualcosa al nulla. Perciò, raggiungere qualcosa di desiderato vuol dire rendersi conto che è qualcosa di vano, e che viviamo sempre attendendo il meglio, spesso rimpiangendo, al tempo stesso, il passato. Il presente, invece, viene accettato sul momento così com'è e stimato nullo, come una via verso la meta. Nessuno si è mai sentito completamente felice nel presente, salvo che non fosse ubriaco. La vita non ha un vero contenuto autentico, ma viene tenuta in movimento soltanto dal bisogno e dall'illusione: ma non appena questo movimento si arresta, si rivela tutta l'aridità e la vacuità dell'esistenza. Ecco che mi toccherà di sentir dire ancora una volta che la mia filosofia sarebbe sconsolata, solo perchè io parlo secondo verità, mentre la gente vuol sentir dire che il signore Iddio ha fatto tutto per bene. Andate in chiesa allora, e lasciate in pace i filosofi. Almeno non pretendete che essi erigano le loro teorie conformamente alle vostre direttive: questo lo fanno le canaglie, i filosofastri, ai quali potete commissionare teorie a vostro piacimento."

(Arthur Schopenhauer)

"Le effimere generazioni umane sorgono e tramontano in rapida successione, mentre gli individui cadono danzando nelle braccia della morte, dopo una vita di angosce, di miserie e di dolori. Intanto esse chiedono senza tregua che cosa esse stesse siano e che cosa significhi tutta questa pagliacciata tragicomica, e invocano il cielo di dar loro una risposta. Ma il cielo rimane muto. Vengono invece i preti con le loro rivelazioni. Essi hanno riconosciuto giustamente e afferrato bene la grande forza del bisogno metafisico dell'essere umano: ora pretendono di possedere i mezzi per soddisfare questo bisogno asserendo che la parola del grande enigma sarebbe giunta a loro per una via straordinaria, in modo diretto. Una volta che ne abbiano convinto gli uomini, essi riescono a guidarli e a dominarli secondo il loro piacimento. I più intelligenti dei regnanti entrano perciò in alleanza con loro, gli altri ne vengono a loro volta dominati."

(Artuhr Schopenhauer)


"I saggi di tutti i tempi hanno in generale sempre detto le stesse cose, e gli sciocchi di tutti i tempi, cioè la stragrande maggioranza, hanno sempre fatto le stesse cose, cioè il contrario. Così del resto sarà anche in avvenire."

(Arthur Schopenhauer)


"Ogni società richiede anzitutto e necessariamente un accomodamento e un temprarsi reciproco dei suoi componenti: essa ci obbliga per armonizzarci con gli altri, a impicciolire o addirittura a deformare noi stessi. Noi dobbiamo quindi rinnegare dolorosamente noi stessi e abbandonare i tre quarti di noi, per renderci simili agli altri. Quanto più dunque un individuo possiede delle qualità personali, tanto meno egli si adatterà all'ordinamento del mondo, e cercherà così di sfuggirne il dominio. Ognuno può completamente essere se stesso soltanto sino a che sia solo. Chi non ama quindi la solitudine, non ama neppure la libertà, poichè soltanto quando si è soli si è liberi. La costrizione è la compagna inseparabile di ogni società, e ogni comunità esige dei sacrifici, che risultano tanto più duri, quanto più notevole è la propria individualità. Ciascuno quindi fuggirà, sopporterà, oppure amerà la solitudine, in una proporzione esatta con il valore della sua personalità. Nella solitudine infatti il miserabile sente tutta quanta la sua miseria e il grande spirito tutta la sua grandezza, ciascuno in breve sente di essere ciò che è. D'altro canto, ciò che rende gli uomini sociévoli è la loro stessa incapacità a sopportare la solitudine, e con questa se stessi. Il vuoto e il fastidio interiore rappresentano la molla che li spinge tanto verso la compagnia, quanto verso i viaggi e i paesi lontani. La grande maggioranza degli uomini è fatta in modo tale che, per loro natura, niente essi possono prendere sul serio che non sia mangiare, bere e accoppiarsi. Costoro utilizzeranno tutto quanto le nature rare e più nobili hanno prodotto – sia religione, scienza o arte – come strumenti per i loro bassi scopi, servendosene per lo più come di una maschera. La loro attenzione, per non parlare di riflessione, non la dedicano ad alcuna cosa che non abbia almeno un qualche rapporto con la loro persona: fuori di ciò non vi sono cose che risveglino il loro interesse. Se si considera poi, di quanto basso sentire e di quanto assolutamente volgari siano i più, si riuscirà a scorgere che non è possibile parlare con loro, senza diventare nel contempo volgari noi stessi. Nel mondo infatti non si ha molto più, oltre la scelta tra la solitudine e la volgarità."

(Arthur Schopenhauer)

"La sorgente da cui fluiscono gli individui e le loro energie, è inesauribile ed infinita, come il tempo e lo spazio, poichè anche gli individui, proprio come queste forme di ogni fenomeno, non sono altro che fenomeno, visibilità della volontà. Nessuna misura finita può esaurire quella sorgente infinita, perciò ad ogni avvenimento soffocato in germe o ad ogni opera, resta aperta pur sempre l'infinità immutata per il loro ritorno. In questo mondo fenomenico, una vera perdita è così poco possibile quanto un vero guadagno. Soltanto la volontà è: essa, la cosa in sè, essa, la sorgente di tutti quei fenomeni. La sua autocoscienza e l'assenso o la negazione presi di conseguenza, costituiscono l'unico avvenimento in sè. Il mondo è, infatti, l'autoconoscenza della volontà."

(Arthur Schopenhauer)


"Dietro alla nostra esistenza, si nasconde qualcos'altro che diventa per noi accessibile, soltanto se ci scuotiamo di dosso il mondo."

(Arthur Schopenhauer)


"Come il nostro corpo è vestito di abiti, così il nostro spirito lo è di menzogne. I nostri discorsi, le nostre azioni, tutto il nostro essere sono menzogneri, e solo attraverso questo velo si può talvolta indovinare il nostro vero sentire, come attraverso gli abiti si indovina la figura del corpo."

(Arthur Schopenhauer)

"Vedo che l'autentico scopo della mia vita oltrepassa i confini della mia esistenza personale, la quale è per me soltanto il mezzo per conseguirlo. Come le pareti limitano lo sguardo, che poi torna a dilatarsi quando davanti a sè ha soltanto campi e campagna, così la società limita la mia mente e la solitudine torna a dilatarla. È perciò una grande e rara fortuna possedere in proprio tutto il necessario per non essere spinti dalla noia e dal tedio di sè a cercare la società degli uomini."

(Arthur Schopenhauer)


"È davvero incredibile come insignificante e priva di senso, vista dal di fuori, e come opaca e irriflessiva, vista dal di dentro, trascorra la vita di quasi tutta l'umanità. La vita umana oscilla tra il dolore prodotto dalla mancanza e la noia prodotta dal conseguimento di qualche appagamento effimero. È un languido aspirare a soffrire, un sognante traballare attraverso le quattro età della vita fino alla morte. Gli uomini assomigliano a orologi, che vengono caricati e camminano senza sapere il perchè; e ogni volta che viene concepito e generato un uomo, l'orologio della vita umana viene caricato di nuovo, per ripetere ancora, frase per frase e battuta per battuta, con variazioni insignificanti, la sua musica, suonata e risuonata già innumerevoli volte. Ciascun individuo, ciascun volto umano e ciascuna vita non è che un breve sogno dell'infinito spirito naturale, della permanente volontà di vivere."

(Arthur Schopenhauer)

"Noi tutti abbiamo il presagio o il presentimento permanente che al di sotto di questa realtà in cui viviamo e siamo, giace nascosta una seconda diversa realtà. È la cosa-in-sè, il reale contrapposto al sogno della vita presente."

(Arthur Schopenhauer)


"Il nostro conoscere è guastato, corrotto e falsato dal nostro volere e dalle nostre inclinazioni; la testa sbarra il passo a quanto ripugna al cuore: ciò che va contro le nostre ipotesi, i nostri progetti, le nostre speranze e i nostri desideri, noi non lo possiamo vedere nè comprendere, laddove viene visto e compreso da tutti gli altri; invece ciò che in qualche modo si accorda con essi ci balza incontro ovunque."

(Arthur Schopenhauer)


"L'intelletto è il mero strumento della volontà ed è tanto differente da essa quanto il martello dal fabbro. Una discussione in cui sia in azione solo l'intelletto rimane fredda: è come se l'uomo non vi prendesse parte in prima persona, e l'unico vero rischio che corre è quello di fare una brutta figura. Soltanto quando entra in azione la volontà (l'affetto, la passione) egli è davvero coinvolto e allora spesso si scalda e la discussione s'infiamma. È sempre alla volontà che va ascritto il calore della vita, mentre si dice "il freddo intelletto" o "esaminare freddamente una questione", cioè "non coinvolgere la volontà". Se rovesciando la prospettiva, si considera la volontà come strumento dell'intelletto, ci si accorgerà che è come se si facesse del fabbro lo strumento del martello."

(Arthur Schopenhauer)

"Il "Velo di Maya" è l'illusione che vela la realtà delle cose nella loro essenza autentica. È Maya, il velo ingannatore, che avvolge il volto dei mortali e fa loro vedere un mondo del quale non può dirsi né che esista, né che non esista; perché ella rassomiglia al sogno, rassomiglia al riflesso del sole sulla sabbia, che il pellegrino da lontano scambia per acqua; o anche rassomiglia alla corda gettata a terra, che egli prende per un serpente."

(Arthur Schopenhauer, Il Mondo come Volontà e Rappresentazione)


"Ciò che la gente, comunemente, chiama destino è, per lo più, soltanto l'insieme delle sciocchezze che essa commette."

(Arthur Schopenhauer)


"Non v'è dubbio che la vita non ci sia stata data perché ne godiamo, ma per vincerla, per superarla."

(A Schopenhauer)


"Essere consapevoli di ciò che si prova dentro di sé, senza sentirsi sbagliati, è il passo fondamentale per essere padroni di se stessi."

(Arthur Schopenhauer)

"Quando si cerca di far progredire la conoscenza e l'intelligenza umana si incontra sempre la resistenza dei contemporanei, simile a un fardello che bisogna trascinare e che grava pesantemente al suolo, ribelle ad ogni sforzo. Ci si deve consolare allora con la certezza che, se i pregiudizi sono contro di noi, abbiamo con noi la Verità, la quale, dopo essersi unita al suo alleato, il Tempo, è pienamente certa della sua vittoria, se non proprio oggi, sicuramente domani."

(Arthur Schopenhauer)


"Solo la luce che uno accende a se stesso, risplende in seguito anche per gli altri."

(Arthur Schopenhauer)


"Quanto più un individuo possiede in se stesso, di tanto meno egli necessita del mondo esterno."

(Arthur Schopenhauer)


"La verità e l'originalità troverebbero più facilmente posto nel mondo, se coloro che non sono in grado di produrle, non cospirassero di comune accordo per non farle venire alla luce."

(Arthur Schopenhauer)

"Nel mondo esiste un unico essere menzognero: l'uomo. Ogni altro essere è genuino e sincero, perché si fa vedere schiettamente qual è, manifestandosi così come si sente, mentre l'essere umano, a causa del suo abbigliamento, è diventato una caricatura, un mostro, la cui vista è ripugnante già per questo fatto, che è poi perfino sottolineato dal colore bianco e per lui innaturale della pelle e dalle disgustose conseguenze del suo nutrimento a base di carne, che è contro natura, nonché delle bevande alcoliche, del tabacco, degli stravizi e delle malattie. L'essere umano appare come una macchia ignominiosa nella natura."

(Arthur Schopenhauer)


"Si deve mantenere sempre presente l'intero: se ci si ferma al dettaglio, è facile sbagliarsi e si ha solo una visione errata delle cose."

(A. Schopenhauer)


"L'uomo più spirituale, che ha guardato e s'intende del guardare dietro le maschere, che soprattutto ha capito come tutto sia maschera – è naturalmente di ottimo umore su ciò. La spiritualità è il solletico di un eterno carnevale, sia che noi stessi prendiamo parte al gioco, sia che soltanto vi veniamo giocati. Oggigiorno anche l'astuzia e il travestimento sono necessari perchè un uomo siffatto possa conservarsi, possa tenersi a galla e non sia sommerso, in mezzo alle pericolose rapide dell'epoca. Ed egli può ammirare la celata saggezza della sua natura."

(Friedrich Nietzsche)

"Nessun prezzo è troppo alto da pagare per il privilegio di possedere te stesso."

(Friedrich Nietzsche)


"Bisogna essere un mare, per ricevere un flusso inquinato senza diventare impuri."

(Friedrich Nietzsche)


"Tagliente e mite, rozzo e delicato, alla mano e bizzarro, sozzo e mondo, un convegno di saggi e di buffoni: tutto ciò voglio essere e son io, colomba a un tempo e serpente e porco!"

(Friedrich Nietzsche)


"Il coraggio elimina la vertigine in prossimità degli abissi: e dove l'uomo non si trova vicino ad abissi? Non è il vedere già di per sè un "vedere abissi"? Quando l'uomo affonda la sua vista nella vita, altrettanto l'affonda nel dolore. Ma un uomo come me non sfugge a una tale ora: l'ora che gli dice: "Soltanto adesso ti avvii per il tuo cammino della grandezza! Vetta e abisso sono ora saldati in unità!"

(Friedrich Nietzsche)

"Chi rappresenta il massimo pericolo di tutto il futuro umano? Non sono forse i 'buoni' e i 'giusti'? Spezzate, spezzate i buoni e i giusti! I buoni vi hanno insegnato false coste e false sicurezze; voi siete nati e siete stati custoditi nelle menzogne dei buoni. Tutto è stato mentito e nascosto nel profondo, dai buoni."

(Nietzsche – Così parlò Zarathustra)


"La mia solitudine non dipende dalla presenza o assenza di persone; al contrario, io odio chi ruba la mia solitudine, senza, in cambio, offrirmi una vera compagnia."

(Friedrich Nietzsche)


"Gli uomini più spirituali, siccome sono i più forti, trovano la felicità personale laddove altri troverebbero la loro rovina: nel labirinto, nella durezza verso se stessi e gli altri, nel continuo mettersi alla prova. Il loro piacere sta nel costringere se stessi. In loro, l'ascetismo diventa natura, bisogno, istinto. Nella gravosità di un incarico, ci vedono un privilegio; nel giocare con i pesi che schiacciano gli altri, una forma di svago."

(Friedrich Nietzsche)


"Son mille i sentieri che nessuno ancora ha calcati. Mille i porti e le isole nascoste della vita. Inesausti ed inesplorati sono ancor sempre l'uomo e la terra umana. Vegliate ed ascoltate, o solitari! Dall'avvenire giungono venti che soffiano con un battito d'ali misterioso; e per gli orecchi delicati s'appressa la buona novella. O solitari dell'oggi, o voi che state in disparte, voi sarete un giorno il popolo; da voi sorgerà un popolo eletto: e da questo il superuomo. In verità, un luogo di salute diverrà ancor la terra! E già spira intorno a lei una nuova fragranza che annuncia salvezza e speranze nuove!"

(Friedrich Nietzsche – Così Parlò Zarathustra)


"Si ripaga male il maestro, se si rimane sempre scolari. Voi mi venerate: ma se la vostra venerazione un giorno cadesse? Guardatevi, che non vi schiacci una statua! Voi dite di credere a Zarathustra? Ma che importa Zarathustra? Voi siete i miei fedeli, ma che importano tutti i fedeli? Non vi eravate ancora cercati: e trovaste me. Così fanno tutti i fedeli, perciò ogni fede è di così poco conto. Ora vi ordino di perdermi e di trovarvi; e solo quando voi tutti mi avrete rinnegato, tornerò in mezzo a voi."

(Friedrich Nietzsche – Così Parlò Zarathustra)


"Fintantochè continuerai a sentire le stelle come un "di sopra a te", ti mancherà sempre lo sguardo dell'uomo della conoscenza."

(Friedrich Nietzsche)


"Nel mondo c'è un'unica via che nessuno può percorrere all'infuori di te. Dove porta? Non domandare, seguila."

(Friedrich Nietzsche)

"Pochi sono capaci di essere autentici! E chi ne è capace, non vuole ancora esserlo! Meno che mai però ne sono capaci i "buoni". Oh, questi buoni! Gli esseri umani buoni non vogliono mai la verità; essere buoni in quel modo, per lo spirito, è una malattia. Essi credono, i buoni, si concedono, il loro cuore ripete, il loro animo obbedisce: ma chi obbedisce, non ascolta se stesso! E noi, noi trasciniamo obbedienti ciò che ci danno, su dure spalle e su aspri monti! E se sudiamo, ci si dice: "Sì, la vita è pesante da portare!". Ma solo l'uomo è pesante a se stesso da portare! Questo perchè sulle spalle trascina troppe cose non sue. Simile al cammello si inginocchia e si lascia ben caricare. I buoni vi hanno insegnato false coste e false sicurezze; voi siete nati e siete stati custoditi nelle menzogne dei buoni. Tutto è stato mentito e nascosto nel profondo, dai buoni. Il loro spirito è prigioniero della loro buona coscienza. La stupidità dei buoni è abissalmente avveduta. Essi odiano più di tutti colui che crea: colui che spezza le tavole e gli antichi valori. Il trasgressore ed essi lo chiamano delinquente. I buoni, infatti, non sono capaci di creare: sono sempre l'inizio della fine. Essi crocifiggono colui che scrive nuovi valori su nuove tavole, essi sacrificano a se stessi il futuro – essi crocifiggono il futuro di tutti gli esseri umani! I buoni sono sempre stati l'inizio della fine. O fratelli miei, sono forse crudele? Ma io vi dico: quello che sta per cadere ha bisogno anche di una piccola spinta! Il tutto di oggi cade, decade: chi vorrebbe trattenerlo?! Io però voglio anche dargli una spinta! Io sono un precursore di giocatori migliori, o fratelli miei! Un esempio! Imitate il mio esempio! E a chi non riuscite a insegnare a volare, insegnate a cadere più in fretta!"

(Friedrich Nietzsche – Così Parlò Zarathustra)

"I vecchi ideali non si possono utilizzare per interpretare tutto ciò che avviene; inoltre, tutti contraddicono la vita. Ogni elevazione dell'uomo comporta il superamento di interpretazioni più ristrette; ogni nuovo rafforzamento ed estensione della potenza schiude nuove prospettive e comanda di credere in nuovi orizzonti. Il mondo che ci concerne è falso, cioè non è un fatto, ma un'immaginazione, l'arrotondamento di una magra somma di osservazioni; è "fluido", è qualcosa che diviene, come una falsità che continuamente si sposta, che non si avvicina mai alla verità: infatti, non c'è alcuna "verità". Ma l'uomo donde prende il concetto di realtà? Perchè fa derivare proprio la sofferenza dal mutamento, dalla illusione, dalla contraddizione? E non ne fa piuttosto derivare la sua felicità? Non si deve voler contestare il mondo nel suo carattere inquietante ed enigmatico! È questo il massimo errore che si sia mai commesso, il vero errore fatale se mai ce ne furono: si credette di avere un criterio della realtà nelle forme della ragione, mentre le si posseggono per dominare la realtà, per fraintendere la realtà con saggezza. In un mondo che diviene la "realtà" è sempre soltanto una semplificazione operata a scopi pratici, o un'illusione dovuta alla rozzezza dei propri organi, o una sfasatura nel tempo del divenire, dovuta alla nostra necessità di opporre l'essere al non essere, negando il concetto di "divenire". Abbiamo creato una concezione per poter vivere in un mondo, per percepire con un'esattezza sufficiente a cavarcela, creiamo un mondo che ci risulta calcolabile, semplificato, intelligibile ecc. Il mondo ci appare logico perchè noi lo abbiamo logicizzato. Immodestia dell'uomo: negare il senso là dove non lo vede! Noi crediamo alla ragione: ma questa è la filosofia dei grigi concetti. La sua lingua si fonda sui più ingenui pregiudizi. Un mondo in divenire non potrebbe in senso stretto essere "compreso" nè conosciuto. Noi "dobbiamo" per forza credere nel tempo, nello spazio e nel movimento, ma non ci sentiamo costretti ad ammettere che queste siano realtà assolute. Una credenza può essere una condizione della vita e tuttavia essere falsa. Il grado di forza di volontà è misurato da quanto si riesce a fare a meno di un senso insito nelle cose, da quanto si è capaci di resistere in un mondo privo di senso, perchè se ne organizza un piccolo frammento."

(Friedrich Nietzsche – La Volontà di Potenza)


"C'è un solo mondo, e questo è falso, crudele, contraddittorio, seduttore, senza senso... un mondo siffatto è il mondo vero. Noi abbiamo bisogno di menzogne, per riportare vittoria su questa realtà, su questa "verità", ossia per vivere. Il fatto che la menzogna sia necessaria per vivere fa parte di questo carattere terribile ed enigmatico dell'esistenza. La metafisica, la morale, la religione, la scienza non sono che altrettante forme di menzogna: con il loro aiuto si crede nella vita. La vita deve "ispirare fiducia": il compito, così posto, è enorme. Per assolverlo, l'uomo deve essere bugiardo già per natura, deve essere artista prima di ogni altra cosa. Ed egli è tale: metafisica, morale, religione, scienza sono tutti parti della sua volontà di arte, di menzogna, di fuga dalla "verità", di negazione della "verità". Molte cose non vederle mai, molte altre vederle falsamente, vederne molte che non sono; quanto è saggio il ritenersi saggi quando invece se ne è lontanissimi! L'amore, l'entusiasmo, "Dio" – tutte finezze dell'estremo autoinganno, seduzioni alla vita, fede nella vita! Nei momenti in cui l'uomo viene ingannato, in cui si inganna da sè, in cui crede nella vita, quale esuberanza per lui! Quale rapimento! Quale sensazione di potenza! L'uomo è tornato di nuovo padrone della "materia"! Padrone della "verità"! Ammettere la non verità come condizione della vita: ciò indubbiamente significa metterci pericolosamente in contrasto con i consueti sentimenti di valore: e una filosofia che osa questo si pone, già soltanto per ciò, al di là del bene e del male. Nessuno riterrà tanto facilmente vera una dottrina, per il semplice fatto che essa rende felici o virtuosi. Una cosa potrebbe essere vera pur essendo dannosa e pericolosa al massimo grado: anzi potrebbe perfino appartenere alla costituzione fondamentale dell'esistenza il fatto che chi giunga alla perfetta conoscenza incontri l'annullamento – cosicchè il vigore di uno spirito si misurerebbe appunto da quanta verità sia riuscito ancora a sopportare, o più chiaramente, dal grado fino al quale abbia avuto bisogno di assottigliarla, dissimularla, addolcirla, smussarla, falsificarla. Più grande tra tutti sarà colui che può essere il più solitario, il più nascosto, il più diverso, l'uomo al di là del bene e del male, il signore delle proprie virtù, ricco quant'altri mai di volontà; questo appunto deve chiamarsi grandezza: poter essere tanto multiforme quanto intero, tanto esteso quanto colmo. Questo mondo è un mostro di forza, senza principio, senza fine, una quantità di energia fissa e bronzea, che non diventa né più grande né più piccola, che non si consuma, ma solo si trasforma, che nella sua totalità è una grandezza invariabile, un'economia senza profitti né perdite, ma anche senza incremento, senza entrate, circondata dal "nulla" come dal suo limite; non svanisce né si sperpera, non è infinitamente esteso, ma inserito come un'energia determinata in uno spazio determinato, e non in uno spazio che in qualche punto sia "vuoto", ma che è dappertutto pieno di forze, un gioco di forze, di onde di energia che è insieme uno e molteplice, di forze che qui si accumulano e là diminuiscono, un mare di forze che fluiscono e si agitano su se stesse, in eterna trasformazione, che scorrono in eterno a ritroso, un mondo che ritorna in anni incalcolabili, il perpetuo fluttuare delle sue forme, in evoluzione dalle più semplici alle più complesse; un mondo che da ciò che è più calmo, rigido, freddo, trapassa in ciò che è più ardente, selvaggio,

contraddittorio, e poi dall'abbondanza torna di nuovo alla
semplicità, dal gioco delle contraddizioni torna al gusto
dell'armonia e afferma se stesso anche nell'uguaglianza delle
sue vie e dei suoi anni, e benedice se stesso come ciò che deve
eternamente tornare, come un divenire che non conosce né
sazietà, né disgusto, né stanchezza. Questo mio mondo
dionisiaco che si crea eternamente, che distrugge eternamente
se stesso, questo mondo misterioso di voluttà ancipiti, questo
mio "al di là del bene e del male", senza scopo, a meno che non
si trovi uno scopo nella felicità del ciclo senza volontà, a meno
che un anello non dimostri buona volontà verso di sé – per
questo mondo volete un nome? Una soluzione per tutti i suoi
enigmi? E una luce anche per voi, i più nascosti, i più forti, i
più impavidi, o uomini della mezzanotte? Questo mondo è la
volontà di potenza – e nient'altro! E anche voi siete questa
volontà di potenza – e nient'altro!"

(Friedrich Nietzsche – La Volontà di Potenza)


"Il possesso possiede. Solo fino a un certo punto il possesso
rende l'uomo più indipendente, più libero; un grado più in là e
il possesso diventa il padrone, e il possessore il suo schiavo:
come tale deve sacrificargli il suo tempo, il suo pensiero, e da
quel momento si vede costretto a un rapporto, inchiodato a un
luogo e tutto forse contro il suo più intimo ed essenziale
bisogno. In verità, chi poco possiede, tanto meno è posseduto."

(Friedrich Nietzsche)

"La follia è nei singoli qualcosa di raro – ma nei gruppi, nei
partiti, nei popoli, nelle epoche è la regola."

(Friedrich Nietzsche)

"L'uomo non è affatto un coronamento della creazione: egli è l'animale peggio riuscito, il più infermiccio, quello più pericolosamente sviato dai propri istinti – cionondimeno, certo, anche il più interessante! Ciò che più mi sorprende quando getto uno sguardo sui grandi destini degli uomini è l'avere sempre davanti agli occhi il contrario di ciò che oggi vedono Darwin e la sua scuola, o piuttosto "vogliono" vedere: la selezione a favore dei più forti, dei meglio riusciti, il progresso della specie. Si tocca con mano precisamente l'opposto: la soppressione dei casi felici, l'inutilità dei tipi meglio riusciti, l'inevitabile dominio dei tipi medi, e persino dei tipi inferiori alla media. A meno che non ci si mostri il motivo per cui l'uomo costituisce l'eccezione fra le creature, io sono incline al pregiudizio secondo cui la scuola di Darwin si è ingannata su ogni punto. I più forti e i più fortunati sono deboli quando hanno contro di sè gli istinti del gregge organizzati, la pusillaminità dei deboli e la maggioranza numerica. Io vedo il contrario di quello che insegna la scuola di Darwin, ossia, vedo dappertutto stare in alto e rimanerci quelli che compromettono la vita, il valore della vita."

(Friedrich Nietzsche – La Volontà di Potenza)


"Abbiamo veramente capito la famosa storia che sta all'inizio della Bibbia, – a proposito della dannata paura di Dio di fronte alla scienza? Non l'abbiamo capita. Questo libro di preti par excellence ha inizio, come si conviene, con la grande difficoltà interiore del prete: per lui c'è solamente un grande pericolo, di conseguenza per "Dio" c'è solamente un grande pericolo. Il vecchio Dio, tutto "spirito", tutto sommo sacerdote, tutto perfezione, va a spasso nel suo giardino: solo che si annoia. Contro la noia lottano invano perfino gli dèi. Che cosa fa lui?

Inventa l'uomo, l'uomo è divertente… Ma, guarda un po', anche l'uomo s'annoia. La pietà di Dio per l'unica miseria che tutti i paradisi comportano, è sconfinata: tosto egli creò anche altri animali. Primo passo falso di Dio: l'uomo non trovò divertenti gli animali – dominava su di loro, non voleva essere neppure "animale". – Allora Dio creò la donna. E in effetti a quel punto con la noia fu finita, – ma anche con qualcos'altro! La donna fu il secondo passo falso di Dio. – "La femmina è per sua natura serpente: Eva" – ogni prete lo sa; "ogni malanno al mondo viene dalla femmina" – anche questo sa ogni prete. "Da essa viene quindi anche la scienza". Solo attraverso la donna l'uomo apprese ad assaggiare i frutti dell'albero della conoscenza. – Che cosa era successo? Il vecchio Dio fu preso da una dannata paura. L'uomo stesso era divenuto il suo più grande passo falso, egli si era creato un rivale, la scienza rende simili a Dio, – per preti e dèi è finita quando l'uomo diventa scientifico! – Morale: la scienza è il proibito in sé, – essa sola è proibita. La scienza è il primo peccato, il seme di tutti i peccati, il peccato originale. La morale è soltanto questo. – "Tu non devi conoscere": – il resto consegue da ciò. – La dannata Paura non impedì a Dio di essere furbo. Come ci si difende dalla scienza? Per lungo tempo questo divenne il suo primo problema. Risposta: fuori l'uomo dal paradiso! La felicità, l'ozio inducono a pensare – tutti i pensieri sono cattivi pensieri… L'uomo non deve pensare. – E il "prete in sé" inventa il bisogno, la morte, il pericolo mortale della gravidanza, ogni sorta di miseria, vecchiaia, fatica, la malattia soprattutto – nient'altro che strumenti della lotta contro la scienza! Il bisogno non consente all'uomo di pensare… E a onta di ciò, che orrore! L'opera della conoscenza s'innalza torreggiante, invadendo il ciclo, oscurando gli dèi – che fare? – Il vecchio Dio inventa la guerra, divide i popoli, fa sì che gli uomini si annientino a vicenda ( – i preti hanno sempre avuto bisogno della guerra…). La guerra – grande guastafeste della

scienza, tra l'altro! Incredibile! La conoscenza,
l'emancipazione dal prete, avanza perfino a dispetto delle
guerre. – E al vecchio Dio si presenta una decisione estrema:
"l'uomo è divenuto scientifico, – non c'è altro da fare, bisogna
annegarlo." Mi avete capito. L'inizio della Bibbia contiene
l'intera psicologia del prete. – Il prete conosce solo un grande
pericolo: la scienza – la sana nozione di causa ed effetto. Ma la
scienza prospera totalmente solo in condizioni fortunate –
bisogna aver tempo, bisogna avere spirito in eccedenza, per
"conoscere". "Dunque bisogna rendere l'uomo infelice" –
questa, in ogni tempo, fu la logica del prete. – Già si indovina
che cosa, innanzitutto, coerentemente a questa logica, è venuto
con ciò al mondo: il "peccato"… È l'invenzione del concetto di
colpa e punizione, dell'intero "ordine morale del mondo" a
porsi contro la scienza – contro l'affrancamento dell'uomo dal
prete… Non fuori, ma dentro di sé deve guardare l'uomo; non
deve, come il discente, guardare con sagacia e prudenza nelle
cose; non deve in generale guardare per nulla: deve soffrire… e
deve soffrire in guisa tale da aver sempre bisogno del prete. –
Basta coi medici! Un salvatore ci vuole. – Il concetto di colpa e
di castigo, ivi compresa la dottrina della "grazia", della
"redenzione", del "perdono" – menzogne da cima a fondo e
senza alcuna realtà psicologica – sono inventate apposta per
distruggere il senso di causalità dell'uomo: sono l'attentato
contro il concetto di causa ed effetto! – E non un attentato col
pugno, col coltello, con sincerità nell'odio e nell'amore! Ma
partendo dagli istinti più vili, più subdoli, più bassi! Un
attentato da preti! Un attentato da parassiti! Un vampirismo di
livide sanguisughe del sottosuolo! Quando le naturali
conseguenze di un'azione non sono più "naturali", ma vengono
attribuite dal pensiero agli spettri concettuali della
superstizione, a "Dio", agli "spiriti", alle "anime", come
conseguenze puramente "morali", come premio, castigo,
avvertimento, mezzi educativi, allora la premessa della

conoscenza è distrutta – allora si è commesso il più grande crimine contro l'umanità. – Il peccato, ripeto, questa forma autolesionista, par excellence dell'uomo, è inventato per rendere scienza, cultura, ogni innalzamento e nobiltà dell'uomo, impossibili; il prete domina grazie all'invenzione del peccato."

(Friedrich Nietzsche – L'Anticristo)

"Non esistono fenomeni morali, ma solo interpretazioni morali dei fenomeni. Cosa c'è di falso nella morale? La morale sostiene di sapere qualcosa, cioè che cosa sia "buono o cattivo". Questo significa voler sapere a quale scopo l'uomo esista, conoscerne la meta, la destinazione. Significa voler sapere che l'uomo ha uno scopo, una destinazione. L'incremento dei mali fisiologici e morali nel genere umano è la conseguenza di una morale inferma e innaturale. L'umanità ha abbracciato con ardore sempre crescente soltanto delle nuvole: e ha finito per chiamare "Dio" la propria disperazione, la propria impotenza. La metamorfosi della schiavitù: il suo travestimento sotto il manto religioso, la sua trasfigurazione per opera della morale. Modesto, diligente, benevolo, moderato: volete che l'uomo sia così? Volete l'uomo "buono"? Ma questo mi sembra soltanto lo schiavo ideale, lo schiavo dell'avvenire. Ogni singolo viene sacrificato e serve da strumento. Si vada per strada: si incontrano solo "schiavi". Dove vanno? A che mirano? Si deve volere il dominio sulle passioni, non il loro indebolimento e la loro estirpazione! Quanto maggiore è la forza dominatrice della volontà, tanto maggiore libertà è lecito concedere alle passioni. L'"uomo grande" è grande per la libertà con cui spaziano i suoi desideri e per la potenza, ancora maggiore, con cui sa asservire questi magnifici mostri. L'"uomo buono", qualsiasi livello abbia raggiunto la civiltà, è innocuo e al contempo utile: è una specie di media; è l'espressione, per la coscienza comune, di colui che non si deve temere e che tuttavia non è lecito disprezzare. L'uomo supremo deve avere in sè la massima molteplicità degli istinti, e la loro energia deve essere il massimo che si riesca a sopportare. Quanto a lungo ci si può conservare contro le condizioni di conservazione della società e dei suoi pregiudizi? Fino a che punto si possono scatenare le proprie qualità terribili, per le quali la maggioranza degli uomini perisce? Fino a che punto si può affrontare la verità e prendersi a cuore i suoi lati più enigmatici? Fino a che punto si possono affrontare la sofferenza, il disprezzo di sé, la malattia, il vizio, chiedendosi se si possa diventarne padroni? (Ciò che non ci uccide ci rende più forti). Questa è la più grande prova di carattere: non lasciarsi rovinare dalla seduzione del bene. Il bene deve essere un lusso, una raffinatezza, un vizio. Il fatto di mettere in pericolo la propria vita cedendo a un sentimento generoso per un impulso momentaneo ha poco valore e non basta nemmeno a caratterizzare un uomo. Tutti sono uguali nella capacità di farlo. Il gradino più alto è: vincere anche questo impulso interiore, e compiere l'azione eroica non per un impulso – ma freddamente, in modo ragionevole, senza l'intervento di straripanti sensazioni di piacere. Lo stesso dicasi della compassione: prima si deve passarla al vaglio della ragione; in caso diverso la compassione è pericolosa quanto ogni altro affetto. Esiste una "morale dei signori" e una "morale degli schiavi". Nel primo caso, quando sono i dominatori a determinare la nozione di "buono", sono gli stati di elevazione e di fierezza dell'anima che vengono avvertiti come il tratto distintivo e qualificante della gerarchia. L'uomo nobile separa da sè quegli individui nei quali si esprime il contrario di tali stati d'elevazione e di fierezza – egli li disprezza. Egli onora in se stesso il possente, nonchè colui che sa parlare e tacere, che esercita con diletto severità e durezza contro se medesimo e nutre venerazione per tutto quanto è severo e duro. Diversamente stanno le cose per quanto riguarda il secondo tipo di morale, la morale degli schiavi. All'opposto vengono messe in evidenza e inondate di luce le qualità che servono ad alleviare l'esistenza ai sofferenti: sono in questo caso la pietà, la mano compiacente e soccorrevole, il calore del cuore, la pazienza, l'operosità, l'umiltà, la gentilezza a esser poste in onore. La morale degli schiavi è essenzialmente morale utilitaria."

(Friedrich Nietzsche)

"La Chiesa é esattamente ciò contro cui Gesù predicò e contro cui insegnò ai suoi discepoli a combattere. Il cristianesimo primitivo è abolizione dello Stato: vieta il giuramento, il servizio militare, i tribunali, l'autodifesa e la difesa della comunità, la distinzione fra connazionali e stranieri: vieta pure l'ordinamento per ceti. I cristiani non hanno mai praticato le azioni che Gesù prescrisse loro, e la Chiesa non ebbe nè il coraggio, nè la volontà di compiere le opere che Gesù esigeva. Vengono ora in prima linea i concetti di "peccato", "perdono", "castigo", "premio" – tutte cose completamente ignorate e quasi escluse dal cristianesimo primitivo. Il cristianesimo "ipocondriaco", il tormento bestiale e la tortura della coscienza appartengono entrambi solo a un certo terreno nel quale i valori cristiani posero radice: non è il cristianesimo in quanto tale. Il "cristiano", ciò che da due millenni ha nome cristiano, non è altro che un fraintendimento psicologico di se stessi. L'uomo, reso innocuo a sè e agli altri, reso debole, sprofondato nell'umiltà e nella modestia, consapevole della sua debolezza, il "peccatore" – è questo il tipo più desiderabile, quello che si può anche "fabbricare" con un po' di chirurgia dell'anima. L'intera vita del cristiano è da ultimo esattamente la vita da cui

Cristo insegnò a staccarsi. Gesù oppose una vita vera, una vita nella verità, alla vita comune: nulla è più lontano da lui che la goffa assurdità di un "Pietro eterno" e di una eterna sopravvivenza della persona. Ciò che combatte è il dare troppa importanza alla "persona": come avrebbe potuto voler eternamente proprio questa? Egli combatte parimenti la gerarchia in seno alla comunità: non promette un premio proporzionato alle azioni: come avrebbe potuto pensare a premi e pene nell'aldilà? Cristo che cosa rinnegò? Tutto ciò che oggi si chiama cristiano. La preoccupazione di sè e per la propria "salvezza eterna" non è l'espressione di una natura ricca e sicura: infatti, a questa, di essere beata, gliene importa come il due di briscola; non le importa alcuna forma di felicità: è forza, azione, desiderio, improntà di sè le cose, si perde nelle cose. Il cristianesimo è un'ipocondria romantica di persone malferme sulle gambe. Fino a quando il prete passerà ancora per una superiore specie d'uomo, questo negatore, denigratore, avvelenatore di professione della vita, non vi sarà risposta alla domanda: che cosa è verità? Peccato originale. In breve: quando l'uomo ebbe creato un dissidio fra il proprio istinto e un mondo del bene puramente immaginario, finì per disprezzare se stesso in quanto incapace di compiere azioni "buone". I peccati divengono indispensabili in ogni società organizzata clericalmente; essi sono le vere e proprie leve del potere, il prete vive dei peccati, egli ha bisogno che si "pecchi". Il cristianesimo dette da bere a Eros del veleno – costui in verità non ne morì, ma degenerò in vizio. Si erano dichiarati cattivi i motivi reali dell'agire: per poter ancora agire in generale, per poter prescrivere delle azioni, si dovettero descrivere come possibili azioni che non sono affatto possibili, e in certo qual modo, santificarle. Con la stessa falsità con cui si era calunniato, d'ora in poi si venerò e si idealizzò. La furia contro gli istinti vitali fu considerata "santa", venerabile. La castità assoluta, l'assoluta obbedienza, l'assoluta povertà:

l'ideale del prete. L'elemosina, la compassione, il sacrificio, la negazione del bello, della ragione, della sensualità, uno sguardo scrigno per tutte le qualità forti che si posseggono: l'ideale del laico. La bugia più comune è quella con cui si mente a se stessi; il mentire ad altri è caso relativamente eccezionale. Gli uomini che abbracciano una convinzione non hanno alcun rilievo per tutto ciò che è fondamentale in fatto di valore e di non-valore. Le convinzioni sono prigioni. Non vedono abbastanza lontano, non vedono al di sotto di sè – dietro di sè. Il "credente" non si appartiene, egli può solo essere mezzo, egli deve essere adoperato, ha bisogno di qualcuno che lo usi. Ogni tipo di fede è di per sè una espressione di autorinuncia, di autoalienazione. Il bisogno di fede é una esigenza della "debolezza". L'uomo di fede, il "credente" di ogni tipo, é, necessariamente, un uomo tributario, uno che non sa porre "se stesso" come scopo, che non sa affatto porre scopi a partire da se stesso. La Chiesa appartiene al trionfo dell'anticristiano così come lo Stato moderno. La Chiesa è l'imbarbarimento del cristianesimo. Il cristianesimo è ancora possibile a ogni istante. Non è legato a nessuno degli spudorati dogmi che si sono ornati del suo nome: non ha bisogno nè della dottrina di un Dio personale, nè del peccato, nè dell'immortalità, nè della redenzione, nè della fede. Il cristianesimo è una prassi, non una dottrina di fede. Ci dice come dobbiamo agire, non cosa dobbiamo credere. Chi oggi dicesse: "non voglio fare il soldato", "non mi curo dei tribunali", "non pretendo i servizi della polizia", "non voglio fare nulla che disturbi la mia pace interiore, e, se devo soffrirne, nulla meglio che la sofferenza mi conserverà la pace" – costui sarebbe cristiano."

(Friedrich Nietzsche – La Volontà di Potenza)

"L'immediata osservazione di sè non basta affatto a conoscere se stessi: ci occorre la storia, poichè il passato continua a fluire in noi in cento onde; noi stessi anzi non siamo nulla se non quello che istante per istante percepiamo di questo fluire. Noi siamo eredi della vivisezione della coscienza e dell'autocrocifissione durata due millenni: abbiamo affratellato gli impulsi naturali e la cattiva coscienza. Si è impiegato ogni specie di imperativo per far sembrare stabili i valori morali; per un tempo lunghissimo furono imposti: sembrano istintivi, come degli ordini interiori. In essi si esprimono condizioni di sussistenza della società, tanto che i valori morali vengono sentiti come indiscutibili. Nella liberazione spirituale di un uomo, seriamente intesa, anche le sue passioni e le sue voglie sperano in segreto di trarne vantaggio. L'uomo possiede difese molto buone contro se stesso, contro perlustrazioni e assedi da parte sua, e di solito non recepisce di sè che le opere esterne. La fortezza vera e propria gli è inaccessibile, addirittura invisibile, a meno che amici e nemici non facciano i traditori e non ve lo introducano per una via segreta. Perchè l'uomo non vede le cose? Perchè vi ha intraposto se stesso: egli nasconde le cose. Chi vuol vedersi così com'è, deve saper sorprendere se stesso, con la fiaccola in mano. Se per una volta si vuol essere una persona, bisogna onorare anche la propria ombra."

(Friedrich Nietzsche – Umano, Troppo Umano)


"Il giovane non vuole attendere sino a che dopo lunghi studi, sofferenze e privazioni, il suo quadro degli uomini e delle cose sia completo: così in buona fede ne accetta un altro, che è pronto e gli viene offerto, come se questo dovesse anticipargli linee e colori del suo quadro: si getta tra le braccia di un filosofo, di un poeta, e allora deve stare per lungo tempo a servizio e rinnegare se stesso. In tal modo impara molto: ma spesso un giovane dimentica così ciò che è più degno di essere appreso e conosciuto – se stesso, e rimane per tutta la vita un partigiano. Bisogna ahimè superare molta noia, versare molto sudore prima di trovare i propri colori, il proprio pennello, la propria tela! – E neanche allora si è maestri nella propria arte di vivere – ma almeno si è padroni nella propria officina."

(Friedrich Nietzsche – La Gaia Scienza)

"Per quanto grande sia la mia avidità di conoscenza, non posso trarre dalle cose se non ciò che già m'appartiene; la proprietà degli altri vi rimane. "Oh, mia smodata avidità! In quest'anima non alberga altruismo… al contrario un io cupido di tutto, il quale vorrebbe, attraverso mille individui, vedere come se vedesse coi suoi occhi e afferrare come se afferrasse con le sue mani… un io che si riprende tutto il passato, che non vuol perdere nulla di qualunque cosa potesse appartenergli! Oh, insaziabile fiamma della mia avidità! Oh, potessi reincarnarmi in mille esseri!" – Chi non conosce questo sospiro per esperienza, non conosce la passione del ricercatore di verità. "La vita è uno strumento della conoscenza": con questo principio nel cuore uno può vivere non soltanto valorosamente, ma allegramente e allegramente ridere!"

(Friedrich Nietzsche – La Gaia Scienza)

"Sul monte della verità non ti arrampicherai mai invano: o arrivi già in alto oggi, oppure eserciti le tue forze per poter salire più in alto domani."

(Friedrich Nietzsche)

"L'umanitarismo del saggio lo induce talvolta a mostrarsi emozionato, adirato o rallegrato, per non far male a chi gli sta intorno con la freddezza e il ritegno della sua vera natura. Uomini dal pensiero profondo si sentono, nel rapporto con gli altri, dei commedianti, giacchè qui, per essere compresi, debbono sempre fingere una superficie."

(Friedrich Nietzsche)


"Per questo me ne vado nella solitudine; per non bere nelle cisterne di tutti. In mezzo a molti io vivo come molti e non penso con il mio io: dopo qualche tempo mi accade sempre, come se mi si volesse esiliare da me stesso e derubare l'anima, e me la prendo con tutti e temo tutti. Il deserto mi è allora necessario per ridiventare buono."

(Friedrich Nietzsche)


"Grazie alla sicura prospettiva della morte si potrebbe mescolare a ogni vita una preziosa e profumata goccia di leggerezza – e invece voi, stravaganti anime di farmacisti, ne avete fatto una goccia di veleno di pessimo sapore, per la quale tutta la vita diventa rivoltante."

(Friedrich Nietzsche)


"Predestinata a un'orbita stellare
che t'importa, o stella, del buio?
Per te vale un comandamento solo: Sii pura!"

(Frieedrich Nietzsch)

"Il contenuto della nostra coscienza è tutto ciò che negli anni dell'infanzia ci veniva regolarmente richiesto senza un motivo da persone che veneravamo o temevamo. Dalla coscienza viene dunque stimolato quel senso del dovere ("questo debbo fare, e non fare quello") che non chiede "perchè" debbo? In tutti i casi in cui una cosa viene fatta con un "perchè", l'uomo agisce senza di essa. A causa della lunga abitudine, l'uomo non sente più il peso delle sue catene. Le cose più vicine di tutte vengono dai più viste assai malamente, e molto raramente prese in considerazione. Non si dica che ciò deriva dall'irragionevolezza umana: anzi, di ragione ce n'è abbastanza e anche troppa, ma essa viene male indirizzata e artificiosamente distolta dalle cose piccole e più vicine. Preti e maestri, e la sublime avidità di dominio degli idealisti di qualsiasi tipo, cominciano subito a inculcare nel bambino che ciò che conta è qualcosa di completamente diverso: è la salvezza dell'anima, il servizio dello Stato, il progresso della scienza, oppure la reputazione e il possesso come mezzi per rendere servizio all'intera umanità, mentre le esigenze del singolo, i suoi bisogni grandi e piccoli entro le ventiquattro ore del giorno sarebbero qualcosa di spregevole e indifferente. La fede nella verità comincia con il dubbio in tutte le "verità" credute sino a quel momento. Non pochi pensieri sono entrati nel mondo come errori e illusioni, ma son divenuti verità perchè in seguito gli uomini hanno attribuito ad essi un substrato reale. Ciò che noi oggi chiamiamo mondo è il risultato di una quantità di errori e fantasie che, sorti a poco a poco durante tutto lo sviluppo degli esseri organici, son cresciuti, e sono stati ereditati da noi come tesoro accumulato dell'intero passato, in quanto su di esso si basa il valore della nostra umanità. Tutta la vita umana è profondamente immersa nella menzogna: il singolo non può estrarla da questo pozzo senza adirarsi per le più fondate ragioni con il suo passato, senza trovare insensati i suoi motivi attuali, come quello dell'onore, e contrapporre scherno e disdegno alle passioni che spingono verso il futuro e verso una felicità in esso. Un uomo che si sia scrollato di dosso le catene della vita al punto da continuare a vivere soltanto per sempre meglio conoscere, deve poter rinunciare, senza rimpianto e fastidio, a molto, anzi quasi a tutto ciò che presso gli altri uomini ha valore; a lui deve bastare, come lo stato più desiderabile, quel sollevarsi libero e senza paura al di sopra di uomini, costumi, leggi e tradizionali valutazioni delle cose."

(Friedrich Nietzsche – Umano, Troppo Umano)


"La prima opinione che ci viene in mente quando all'improvviso siamo interrogati su qualcosa, di solito non è la nostra, ma solo quella corrente, della nostra casta, della nostra posizione, della nostra origine; le opinioni proprie raramente vengono alla superficie. La maggior parte degli uomini non è nulla e non vale nulla sinchè non si è vestita di convinzioni generali e di opinioni pubbliche; secondo la filosofia dei sarti: gli abiti fanno le persone."

(Friedrich Nietzsche)


"Apparteniamo a un'epoca la cui civiltà rischia di andare in rovina ad opera dei mezzi della civiltà. L'umanità adopera senza scrupoli ogni individuo come materiale per alimentare le sue grandi macchine: ma allora, a che scopo le macchine, se tutti gli individui (cioè l'umanità) servono soltanto a mantenerle? Macchine fini a se stesse – è questa l'umana commedia? L'uomo che giace a letto ammalato arriva talvolta a capire che di solito sono il suo ufficio, i suoi affari o la sua società a farlo ammalare e ad avergli tolto ogni capacità di riflettere su se stesso; egli raggiunge questa saggezza per l'ozio cui la malattia lo costringe. Agli uomini attivi di solito fa difetto l'attività più alta: voglio dire quella individuale. Essi sono attivi come funzionari, commercianti, dotti, cioè come esseri generici, non come uomini affatto determinati, singoli, unici; sotto questo punto di vista sono pigri. È la disgrazia degli attivi, il fatto che la loro attività sia quasi sempre un po' insensata. Non si può ad esempio chiedere, al banchiere che ammucchia il denaro, lo scopo di quella sua incessante attività: essa è insensata. Gli attivi rotolano come rotola la pietra, con meccanica stupidità. Tutti gli uomini si dividono, in ogni tempo e anche oggi, in schiavi e liberi: chi infatti non ha per sè i due terzi della sua giornata, è uno schiavo, qualunque cosa sia, politico, commerciante, funzionario, dotto."

(Friedrich Nietzsche – Umano, Troppo Umano)


"Povero, lieto e indipendente! – queste cose insieme sono possibili; povero, lieto e schiavo! – anche queste sono possibili – e agli operai della schiavitù della fabbrica, non saprei dire niente di meglio, posto che essi non avvertano in generale come un'infamia il venir adoperati in tal modo, ed è quel che accade, come ingranaggi di una macchina e come tappabuchi dell'umana arte dell'invenzione! Puah! Credere che attraverso un salario più elevato possa esser cancellata la sostanza della loro miseria, cioè la loro condizione di impersonale asservimento. Puah! Lasciarsi convincere che attraverso un potenziamento di questa impersonalità si possa, all'interno del congegno meccanico di una nuova società, trasformare in virtù l'infamia della schiavitù! Puah! Avere un prezzo, per il quale non si è più persone, ma si diviene ingranaggi! Non siete voi i cospiratori, nell'attuale follia delle nazioni che vogliono anzitutto produrre il più possibile ed essere il più possibile ricche? Starebbe a voi presentare il conto: quali grandi somme di valore interiore vengono gettate per un tale obiettivo esteriore! Ma dov'è il vostro valore interiore, se non sapete più cosa voglia dire respirare liberamente? Se non avete neppure un poco, voi stessi, in vostro potere? Se troppo spesso avete disgusto di voi stessi come di una bevanda stantia? Se prestate ascolto al giornale e sbirciate il vostro vicino, eccitati dal rapido salire e discendere di potenza, denaro e opinioni? Se non avete più fiducia nella filosofia che si veste di stracci, nella franchezza di chi è senza bisogni? Se per voi è divenuta motivo di scherno la volontaria e idillica povertà, la mancanza di professione e di matrimonio, quale dovrebbe proprio confarsi ai più spirituali tra di voi? Ognuno dovrebbe invece pensar dentro di sè: "Meglio emigrare, in selvagge e fresche contrade del mondo a cercar di divenire padrone, e soprattutto padrone di me stesso: mutar luogo finchè continua ad ammiccarmi un qualsiasi segno di schiavitù; non abbandonare la strada dell'avventura e della guerra, e per i casi peggiori tenermi pronto alla morte, purchè sia finita questa indecorosa condizione servile."

(Friedrich Nietzsche – Aurora)


"La lotta di ogni grande uomo contro il suo tempo è apparentemente solo una lotta insensata e distruttiva contro se stesso. Ma appunto solo apparentemente. In essa, infatti, egli combatte ciò che gli impedisce di essere grande, il che significa per lui semplicemente: essere liberamente e interamente se stesso. Perciò l'uomo veridico avverte il senso della sua attività come un senso metafisico, spiegabile in base a leggi di una vita diversa e superiore, e nel senso più profondo, affermatrice, sebbene tutto ciò che fa sembri un distruggere e infrangere le leggi di questa vita. Questa proclamazione della verità appare agli altri uomini un prodotto della cattiveria, giacchè essi ritengono che la conservazione delle loro mediocrità e fandonie sia un dovere di umanità e ritengono che si debba essere cattivi per distruggere in quel modo i loro giocattoli. Questa è la specie della gratitudine umana: essa fraintende i suoi benefattori. Difatti tutti gli ordinamenti umani sono previsti proprio per fare in modo che la vita, nella continua dispersione dei pensieri, non venga "sentita". Perchè vuole egli con tanta forza il contrario, cioè proprio sentire la vita, ossia soffrire a causa della vita? Perchè si accorge che lo si vuol derubare di se stesso e che c'è una specie di accordo per stanarlo dalla sua caverna. Allora si ribella, aguzza le orecchie e risolve: "Io voglio rimanere di me stesso!". È una risoluzione terribile; egli lo capisce solo a poco a poco. Giacchè adesso si deve tuffare nelle profondità dell'esistenza, con una serie di domande non comuni sulle labbra: Perchè vivo? Quale lezione devo imparare dalla vita? Come sono diventato quello che sono e perchè mai soffro di questo essere così? Si tormenta, e vede che nessuno si tormenta così, che anzi le mani dei suoi simili si protendono appassionatamente verso gli avvenimenti sensazionali che si avvicendano sulla scena politica, o che essi stessi fanno bella mostra di sè in cento maschere, come, giovinetti, uomini, vecchi, padri, cittadini, preti, funzionari, commercianti, vivamente preoccupati della loro comune commedia e niente affatto di se stessi. Alla domanda: Perchè vivi? Essi tutti risponderebbero subito e con orgoglio: "Per diventare un buon cittadino, o dotto, o statista". Ahimè, e niente di meglio? Chi intende la sua vita solo come un punto dello sviluppo della stirpe o di uno Stato o di una scienza e dunque vuole in tutto e per tutto entrare a far parte della storia del divenire, della storiografia, non ha capito la lezione che l'esistenza gli ha impartita e deve studiarla un'altra volta. Questo eterno divenire è un teatro di marionette menzognero, per il quale l'uomo dimentica se stesso, è la vera e propria distrazione che disperde l'individuo a tutti i venti, il gioco senza fine della sciocchezza che il grande fanciullo Tempo gioca davanti a noi e co noi. Il suddetto eroismo della veridicità consiste nello smettere, un bel giorno, di essere il suo giocattolo. Adesso egli comincia a esaminare quanto profondamente è intrecciato col divenire e quanto profondamente coll'essere; un compito immenso sorge a cospetto della sua anima: distruggere tutto ciò che diviene, portare in luce tutto ciò che di falso è nelle cose. In singoli momenti sappiamo tutti che le istituzioni di più ampio sviluppo della nostra vita sono create solo per sfuggire ai nostri veri compiti, che nasconderemmo volentieri il capo da qualche parte, come se lì, la nostra coscienza dai cento occhi non potesse sorprenderci; che ci affrettiamo a dare il nostro cuore allo Stato, al guadagno, alla società o alla scienza, semplicemente per non possederlo più, che ci abbandoniamo anche al più gravoso lavoro giornaliero con un ardore e una mancanza di riflessione che vanno al di là di quel che sarebbe necessario per la vita perchè ci sembra più necessario evitare di riflettere. La furia è generale, perchè ognuno è in fuga da se stesso, generale anche la pavidità con cui si nasconde questa furia, perchè si vuole sembrare contenti e si vorrebbero ingannare gli spettatori dalla vista più acuta sulla nostra miseria. Ma che cos'è che ci turba tanto spesso, qual è la zanzara che non ci lascia dormire? Intorno a noi c'è un'aria spettrale, ogni momento della vita vuole dirci qualcosa, ma noi non vogliamo sentire questa voce spettrale. Abbiamo paura che, se rimaniamo soli e in silenzio, ci venga sussurrato qualcosa all'orecchio, e perciò odiamo il silenzio e ci stordiamo con la vita sociale. Tutto questo noi lo comprendiamo di tanto in tanto, e ci meravigliamo molto di tutta questa vertiginosa paura e furia e di tutta questa situazione di sogno della nostra vita, che sembra provare orrore del risveglio, e che sogna tanto più intensamente e inquietamente quanto più si avvicina a questo risveglio. Ma nello stesso tempo sentiamo che siamo troppo deboli per sopportare a lungo quei momenti di profondo raccoglimento, ed è già molto se una volta emergiamo un poco con la testa e ci rendiamo conto del fiume nel quale siamo profondamente immersi."

(Friedrich Nietzsche – Considerazioni Inattuali)


"L'educazione impartita dall'ambiente vuol rendere ogni uomo non libero, mettendogli davanti agli occhi sempre il minor numero di possibilità. Dai suoi educatori l'individuo viene trattato come se fosse sì qualcosa di nuovo, ma dovesse diventare una ripetizione. Se l'uomo appare dapprima come qualcosa di sconosciuto, di mai esistito, deve esser trasformato in qualcosa di conosciuto, di già esistito. Si chiama spirito libero colui che pensa diversamente da come, in base alla sua origine, al suo ambiente, al suo stato e ufficio o in base alle opinioni dominanti del tempo, ci si aspetterebbe che egli pensasse. Egli è l'eccezione, gli spiriti vincolati sono la regola. E se gli spiriti liberi hanno ragione, allora gli spiriti vincolati hanno torto, non importa se i primi sono giunti alla verità per immoralità e se i secondi si sono attenuti finora alla non verità per moralità. D'altra parte non appartiene all'essenza dello spirito libero che egli abbia opinioni più giuste, ma piuttosto che egli si sia staccato dalla tradizione, sia con fortuna sia con insuccesso. Di solito, comunque, egli avrà dalla sua parte la verità o almeno lo spirito di ricerca della verità: egli esige ragioni, gli altri fede. Tutto ciò che è abituale tesse intorno a noi una ragnatela che diventa sempre più solida e presto ci accorgiamo che i fili son diventati lacci, e che noi stessi vi stiamo in mezzo come il ragno che vi è impigliato e deve nutrirsi del suo stesso sangue. Per questo lo spirito libero odia ogni regola e abitudine, tutto quel che ha durata ed è definitivo, per questo strappa sempre di nuovo, con dolore, la rete che lo avvolge: benchè, in seguito a ciò, egli debba soffrire di molte grandi e piccole ferite. Poichè, quei fili deve strapparli via da sè, dal suo corpo, dalla sua anima."

(Friedrich Nietzsche – Umano, Troppo Umano)

"L'educazione è un proseguimento della generazione e spesso una specie di successivo inorpellamento di quest'ultima. Dato il modo in cui oggi veniamo educati, noi riceviamo in primo luogo una "seconda natura"; e quando il mondo ci dice maturi, maggiori d'età, utilizzabili, noi la possediamo. Pochi sono abbastanza serpenti da staccarsi un bel giorno questa pelle di dosso, allorquando, sotto il guscio, è maturata la loro "prima" natura. Nei più, avvizzisce il seme di essa. […] Questi giovani non difettano nè di carattere, nè di buone attitudini, nè diligenza: ma non si è lasciato loro il tempo di darsi una direzione, piuttosto son stati abituati, fin dall'infanzia, a ricevere una direzione. Allorquando furono abbastanza maturi per "essere inviati nel deserto", venne fatto invece qualcos'altro – li utilizzarono, li alienarono da se stessi, li educarono all'essere quotidianamente usati, di tutto questo crearono per loro una teoria di doveri – e ora non possono farne a meno e non vogliono altro. Alla vista del lavoro – e con ciò si intende sempre quella faticosa operosità che dura dal mattino alla sera – si sente oggi che il lavoro come tale costituisce la migliore polizia e tiene ciascuno a freno e riesce a impedire validamente il potenziarsi della ragione, della cupidità, del desiderio d'indipendenza. Esso logora straordinariamente una gran quantità d'energia nervosa e la sottrae al riflettere, allo scervellarsi, al sognare, al preoccuparsi, all'amare, all'odiare; esso si pone sempre sott'occhio un piccolo obiettivo e procura lievi e regolari appagamenti. Resta il fatto che a questi poveri animali da tiro non si possano rifiutare le "ferie" – come viene chiamato questo ideale d'ozio di un secolo stremato dal troppo lavoro: in cui è concesso una volta tanto abbandonarsi alla pigrizia e rincretinirsi e bambineggiare a proprio piacimento. Così una società in cui di continuo si lavora duramente, avrà maggior sicurezza, e si adora oggi la sicurezza come la divinità somma. I vostri affari, è questo il vostro grandissimo pregiudizio che vi incatena al vostro luogo, alla vostra società, alle vostre inclinazioni. Diligenti negli affari, ma pigri di spirito, contenti delle vostre ristrettezze e col grembiule del dovere appeso a questa contentezza: così vivete voi, così li volete, i vostri figliuoli!"

(Friedrich Nietzsche – Aurora)

"Il singolo si nasconde sotto la generalità del concetto "uomo" o nella società, ovvero si adatta a principi, classi, partiti, opinioni del tempo o dell'ambiente. Il singolo deve sacrificarsi, questo esige l'eticità del costume. Eticità non è nient'altro che obbedienza ai costumi, di qualunque specie essi possano essere. I costumi peraltro sono il modo tradizionale di agire e di valutare. In cose dove nessuna tradizione comanda, non esiste eticità; e quanto meno la vita è determinata dalla tradizione, tanto più piccolo diventa il circolo dell'eticità. L'uomo libero è privo di eticità, poichè egli vuole dipendere in tutto da sè e non da una tradizione. Che cos'è la tradizione? Un'autorità superiore, alla quale si presta obbedienza non perchè comanda quel che ci è utile, ma soltanto perchè ce lo comanda. Ogni usanza superstiziosa nata in base alla falsa interpretazione di un avvenimento genera una tradizione, seguire la quale è morale; liberarsi di essa è quindi pericoloso e dannoso per la collettività ancor più che per l'individuo. Ogni tradizione diventa vieppiù rispettabile quanto più lontana è la sua origine, quanto più questa viene dimenticata; il rispetto tributatole si accresce di generazione in generazione, e alla fine la tradizione diventa sacra e suscita venerazione. "Cattivo" significa essere "non costumato" (immorale), esercitare il malcostume, ribellarsi alla tradizione, sia essa ragionevole o insensata. […] Tutti gli apprezzamenti di valore sono o propri oppure accettati; questi ultimi sono di gran lunga in maggior numero. Perchè li accettiamo? Per paura, vale a dire riteniamo più conveniente fingere che essi siano stati anche i nostri, e ci abituiamo a questa finzione in tal guisa che essa finisce per essere la nostra natura. Per lo più, siamo per tutta la vita i giullari di giudizi infantili incarnati nell'abitudine."

(Friedrich Nietzsche – Aurora)


"In tutti i tempi si è voluto "migliorare" gli uomini: soprattutto a questo si è dato il nome di morale. Ma sotto la stessa parola sta nascosta la massima diversità di tendenza. Sia l'addomesticamento della bestia uomo, che l'allevamento di un certo genere di umanità, sono stati detti "miglioramento". Ma chiamare "miglioramento" l'addomesticamento di un animale è quasi una facezia per le nostre orecchie. Chi sa cosa avviene nei serragli, dubita che quivi la bestia venga "migliorata". Essa viene infiacchita, viene resa meno nociva, diventa, grazie al sentimento depressivo della paura, grazie al dolore, alle ferite, alla fame, una bestia malaticcia. Non diversamente stanno le cose per l'uomo addomesticato, che il prete ha "migliorato". La società, la nostra addomesticata, mediocre, castrata società, è quella in cui un uomo genuino, che giunge dai monti o dalle avventure del mare, degenera necessariamente in un criminale. Per esprimerci con una formula si potrebbe dire: tutti i mezzi, con cui l'umanità sino a oggi ha dovuto essere resa morale, sono stati fondamentalmente immorali."

(Friedrich Nietzsche – Crepuscolo degli Idoli)

"Nell'uomo l'arte della simulazione tocca il suo culmine: qui l'ingannare, l'adulare, il mentire, e il fingere, lo sparlare dietro le spalle, il rappresentare, il vivere in una magnificenza d'accatto, il mascherarsi, le convenzioni che servono a nascondere, il recitare una parte dinanzi agli altri e a se stessi: in una parola l'incessante svolazzare intorno a quella fiamma che è la vanità, tutto ciò così spesso è la regola e la legge, che niente è più inconcepibile del fatto che tra gli uomini possa emergere un impulso onesto e puro verso la verità. Essi sono profondamente immersi in sogni e illusioni, il loro occhio scivola soltanto sulla superficie delle cose e non vede che "forme", in nessun modo la loro sensibilità conduce al vero, bastandole di ricevere stimoli ossia di giocare un gioco tattile sul dorso delle cose."

(Friedrich Nietzsche – Verità e Menzogna)

"Chi vuol essere un creatore nel bene e nel male, costui deve essere prima un distruttore e spezzare valori. Ciò che fino ad oggi l'umanità ha preso sul serio non sono neppure delle realtà, ma semplici fantasie, o più esattamente, menzogne nate dai cattivi istinti di nature malate, dannose nel significato più profondo. Finora si è chiamata verità la menzogna. La realtà è stata spogliata del suo valore, del suo senso, della sua veracità, nella misura in cui si è inventato un mondo ideale. La menzogna dell'ideale è stata fino ad ora la maledizione scagliata contro la realtà, l'umanità stessa è diventata, per suo mezzo, mendace e falsa giù nei suoi istinti più sotterranei. Noi uomini moderni, noi siamo gli eredi di una millenaria vivisezione della coscienza e di una tortura da bestie rivolta contro noi stessi. Troppo a lungo l'uomo ha considerato le sue tendenze naturali con un "cattivo sguardo", cosicché queste hanno finito per congiungersi strettamente in lui con la "cattiva coscienza". Ma in un qualche tempo, in un'età più forte di questo marcido, dubitoso presente, dovrà pur giungere a noi l'uomo redentore, l'uomo del grande amore e disprezzo, lo spirito creatore, che sempre la sua forza incalzante torna a spingere via da ogni eremo e da ogni trascendenza, colui la cui solitudine è fraintesa dal popolo, come se fosse una fuga dalla realtà, mentre è soltanto il suo sprofondare, il suo seppellirsi, il suo inabissarsi nella realtà, affinchè un giorno, quando tornerà alla luce, porti fuori da essa a casa sua la redenzione di questa realtà: la sua redenzione dalla maledizione che ha posto su di essa l'ideale esistito sino a oggi."

(Friedrich Nietzsche – Genealogia della Morale)


"Nella solitudine il solitario divora se stesso, nella moltitudine lo divorano i molti. Ora scegli. L'uomo che non vuole appartenere alla massa non deve far altro che cessare di essere accomodante verso se stesso; segua la sua coscienza che gli grida: "Sii te stesso! Tu non sei tutto ciò che adesso fai, pensi, desideri!"

(Friedrich Nietzsche)

"Dove vi è dominio, esistono masse; dove vi sono masse, vi è il bisogno della schiavitù. Dove vi è schiavitù, gli individui sono pochi, e hanno contro di loro gli istinti del gregge. La morale è l'istinto gregario negli individui."

(Friedrich Nietzsche)


"Quanto più l'occhio è debole, quanto più ampio si fa il dominio del bene! Da ciò l'eterna gaiezza del popolo e dei bambini! Da ciò la tetraggine e l'amarezza dei grandi pensatori!"

(Friedrich Nietzsche)


"Vivere è continuamente allontanare da sè le cose che voglion morire; vivere è esser crudele e spietato verso tutto quello che in noi invecchia e declina, e non in noi soltanto."

(Friedrich Nietzsche)


"Il dispotico giuoco universale
Mescola l'essere e l'apparenza…
E l'eterna follia
Dentro il miscuglio ci rovescia tutti."

(Friedrich Nietzsche)

"La vita è una resistenza continua all'inerzia che tenta di sabotare il nostro volere più profondo. Chi si stanca di volere, vuole il nulla."

(Friedrich Nietzsche)


"In un sistema finito, con un tempo infinito, ogni combinazione può ripetersi infinite volte."

(Friedrich Nietzsche)


"Cercavo grandi uomini ho trovato sempre e soltanto le scimmie dei loro ideali. Tutti gli ideali sono pericolosi, perché avviliscono e condannano il reale."

(Friedrich Nietzsche)


"Siamo come vetrine in cui noi stessi, continuamente, mettiamo in ordine, copriamo o mettiamo in mostra le pretese qualità che altri ci attribuiscono, e lo facciamo per ingannare noi stessi."

(Friedrich Nietzsche)


"La coscienza è l'ultimo e più tardo sviluppo dell'organico e di conseguenza anche il più incompiuto e il più depotenziato. Si pensa che qui sia il nocciolo dell'essere umano: ciò che di esso è durevole, eterno, ultimo, assolutamente originario! Si considera la coscienza una stabile grandezza data! Si negano il suo sviluppo, le sue intermittenze! La si intende come unità dell'organismo! Questa ridicola sopravvalutazione, questo travisamento della coscienza hanno come corollario un grande vantaggio, consistente nel fatto che con ciò è stato impedito un troppo celere perfezionarsi della medesima. Perchè gli uomini ritenevano di possedere già la coscienza, si sono dati scarsa premura per acquistarla, e anche oggi le cose non stanno diversamente!"

(Friedrich Nietzsche)


"Divieni ciò che sei."

(Nietzsche)


"Nulla è fuori di noi. Ma ce ne dimentichiamo ad ogni momento."

(F. Nietzsche)


"A volte la gente non vuole ascoltare la verità perché non vuole vedere le proprie illusioni distrutte. Le convinzioni, più delle bugie, sono nemiche pericolose della verità."

(Friedrich Nietzsche)


"Tutto è indifferente, nulla vale la pena, il mondo non ha senso, il sapere strozza."

(F. Nietzsche – Così parlò Zarathustra)

"Chi lotta contro i mostri deve fare attenzione a non diventare lui stesso un mostro. E se tu riguarderai a lungo in un abisso, anche l'abisso vorrà guardare dentro di te."

(Friedrich Nietzsche)


"Meglio essere folle per proprio conto che saggio con le opinioni altrui."

(Friedrich Nietzsche)


"L'uomo è una corda tesa tra l'animale e il sovrumano; una corda al di sopra di un abisso."

(F. Nietzsche)


"Io amo l'ombra così come amo la luce. Ambedue sono necessarie perché un volto possa essere bello."

(F. Nietzsche)


"Fintantoché il prete sarà ancora ritenuto una specie superiore di uomo, questo negatore, calunniatore, avvelenatore per professione della vita, non ci sarà risposta alla domanda: che cos'è verità?"

(Friedrich Nietzsche)

"Perché dunque ti spaventi? Agli uomini accade quel che accade all'albero. Quanto più in alto e più nella luce vuole ascendere, con tanta più forza le sue radici si spingono dentro la terra, verso il basso, nel buio, nel profondo – nel male."

(Friedrich Nietzsche – Così parlò Zarathustra)


Surreal-Books-on-Shelves-640x229"Tutti i libri del mondo non ti danno la felicità, però in segreto ti rinviano a te stesso. Lì c'è tutto ciò di cui hai bisogno, sole, stelle e luna. Perché la luce che cercavi vive dentro di te. La saggezza che hai cercato a lungo in biblioteca ora brilla in ogni foglio, perché adesso è tua."

(Herman Hesse)


"La conoscenza rende un uomo inadatto ad essere uno schiavo."

(Frederick Douglass)


"Ti è mai sbocciata un'ora,
Un improvviso lampo divino,
che precipita e dissolve tutte queste bolle di mode e ricchezza?
Gli avidi fini commerciali, libri, politica, galanteria,
in assoluto nulla?"

(Walt Whitman, Foglie)

"Fortunatamente, alcuni nascono con un sistema immunitario spirituale che prima o poi fa in modo che essi rifiutino di vedere le illusioni innestate in loro sin dalla nascita attraverso il condizionamento sociale. Sentono che qualcosa manca, ed iniziano a cercare delle risposte. La loro innata conoscenza ed esperienze esterne anomale mostrano loro un aspetto della realtà di cui gli altri sono all'oscuro, e lì incominciano il loro viaggio nel risveglio. Ogni passo di questo viaggio viene fatto seguendo il proprio cuore, non seguendo le folle e scegliendo la conoscenza al posto dell'ignoranza."

(Henri Bergson)


"Morire come le allodole assetate
sul miraggio

O come la quaglia
passato il mare
nei primi cespugli
perchè di volare
non ha più voglia

Ma non vivere di lamento
come un cardellino accecato"

(Giuseppe Ungaretti – Agonia)


"Per raggiungere la vetta devi liberarti delle cose inutili che porti nello zaino."

(Giacomo Leopardi)

"Io sono il sole che splende interno su tutte le creature,
se fissi lo sguardo su di me sarai colmo di gioia eterna.
Non illuderti. Presto questo mondo materiale cadrà,
sguscerà via come pelle di serpente,
come un uomo sguscia via dal suo corpo mortale.
Impara fin da ora a spiegare le ali nel mio mondo,
a nuotare nel mio oceano e nel mio amore."

(Edward Carpenter)


"Ora la mia tragedia è questa. Dico mia, ma chi sa di quanti! Io
vedo non ciò che di me è morto; vedo che non sono mai stato
vivo, vedo la forma che gli altri, non io, mi hanno data, e sento
che in questa forma la mia vita, una mia vera vita, non c'è stata
mai. Mi hanno preso come una materia qualunque, hanno preso
un cervello, un'anima, muscoli, nervi, carne, e li hanno
impastati e foggiati a piacer loro, perché compissero un lavoro,
facessero atti, obbedissero a obblighi, in cui io mi cerco e non
mi trovo. E grido, l'anima mia grida dentro questa forma morta
che mai non è stata mia: – Ma come? Io, questo? Io, così? Ma
quando mai? – E ho nausea, orrore, odio di questo che non
sono io, che non sono stato mai io; di questa forma morta, in
cui sono prigioniero, e da cui non mi posso liberare. Forma
gravata di doveri, che non sento miei, oppressa da brighe di cui
non m'importa nulla, fatta segno d'una considerazione di cui
non so che farmi; forma che è questi doveri, queste brighe,
questa considerazione, fuori di me, sopra di me: cose vuote,
cose morte che mi pesano addosso, mi soffocano, mi
schiacciano e non mi fanno più respirare."

(Luigi Pirandello)

"Ciò che noi conosciamo di noi stessi, non è che una parte, forse una piccolissima parte di quello che noi siamo. E tante e tante cose, in certi momenti eccezionali, noi sorprendiamo in noi stessi, percezioni, ragionamenti, stati di coscienza che son veramente oltre i limiti relativi della nostra esistenza normale e cosciente."

(Luigi Pirandello)


"Perché nulla è piú complicato della sincerità. Fingiamo tutti spontaneamente, non tanto innanzi agli altri, quanto innanzi a noi stessi; crediamo sempre di noi quello che ci piace credere, e ci vediamo non quali siamo in realtà, ma quali presumiamo d'essere secondo la costruzione ideale che ci siamo fatta di noi stessi."

(Luigi Pirandello)


"Trovarsi davanti a un pazzo sapete che significa? Trovarsi davanti a uno che vi scrolla dalle fondamenta tutto quanto avete costruito in voi, attorno a voi, la logica, la logica di tutte le vostre costruzioni! Eh! Che volete? Costruiscono senza logica, beati loro, i pazzi! O con una loro logica che vola come una piuma! Volubili! Volubili! Oggi così e domani chi sa come! Voi vi tenete forte, ed essi non si tengono più. Voi dite "questo non può essere" e per loro può essere tutto."

(Luigi Pirandello)

"Lasceremo il mondo come lo abbiamo trovato! Sono state inutili le parole e gli atti, i disegni amorosi, le utopie. Nulla avremo operato. Non abbiamo vissuto, siamo stati vissuti. Ci accendiamo e ci spegniamo, ognuno a sé presente per un attimo, e in quell'attimo quante idee, disegni, sentimenti, luci che paiono nostre senza appartenerci. Nulla appartiene a nulla; siamo membra di un'anima che eternamente si alza per un'altra eternità."

(Luigi Pirandello)


"C'è una maschera per la famiglia. Una per la società. Una per il lavoro. E quando stai solo resti nessuno."

(Luigi Pirandello)


"Uno: perchè una è la personalità che l'uomo pensa di avere. Nessuno: perché, in realtà, l'uomo non ne possiede nessuna. Centomila: perchè l'uomo nasconde dietro la maschera tante personalità quante sono le persone che lo giudicano."

(Luigi Pirandello)

"La campagna! Che pace, eh? Vi sentite sciogliere. Sí ma se mi sapeste dire dov'è? Dico la pace. Vi sembra propriamente che ci sia pace qua? Intendiamoci, per carità! Io qua vedo soltanto, con licenza vostra, ciò che avverto in me in questo momento, un'immensa stupidità, che rende la vostra faccia, e certo anche la mia, di beati idioti, ma che noi pure attribuiamo alla terra e alle piante, le quali ci sembra che vivano per vivere, cosí soltanto come in questa stupidità possono vivere. Diciamo dunque che è in noi ciò che chiamiamo pace. Non vi pare? E

sapete da che proviene? Dal semplicissimo fatto che siamo
usciti or ora dalla città; cioè, sí, da un mondo costruito: case,
vie, chiese, piazze; non per questo soltanto, però, costruito, ma
anche perché non ci si vive piú cosí per vivere, come queste
piante, senza saper di vivere; bensí per qualche cosa che non
c'è e che vi mettiamo noi; per qualche cosa che dia senso e
valore alla vita: un senso, un valore che qua almeno in parte,
riuscite a perdere, o di cui riconoscete l'affliggente vanità. E vi
vien languore, ecco, e malinconia. Ecco: sdraiato, voi buttate
all'aria il cappellaccio di feltro: diventate quasi tragico;
esclamate: «Oh ambizioni degli uomini!» Già. Per esempio,
che grida di vittoria perché l'uomo, come quel vostro
cappellaccio, s'è messo a volare, a far l'uccellino! Ecco intanto
qua un vero uccellino come vola. L'avete visto? La facilità piú
schietta e lieve, che s'accompagna spontanea a un trillo di
gioia. Pensare adesso al goffo apparecchio rombante e allo
sgomento, all'ansia, all'angoscia mortale dell'uomo che vuol
fare l'uccellino! Qua un frullo e un trillo; là un motore
strepitoso e puzzolente, e la morte davanti. Il motore si guasta;
il motore s'arresta; addio uccellino! «Uomo» dite voi, sdraiati
qua sull'erba, «lascia di volare! Perché vuoi volare? E quando
hai volato?» Bravi. Lo dite qua, per ora, questo; perché siete in
campagna, sdrajati sull'erba. Alzatevi, rientrate in città e,
appena rientrati, lo intenderete subito perché l'uomo voglia
volare. Qua, cari miei, avete veduto l'uccellino vero, che vola
davvero, e avete smarrito il senso e il valore delle ali finte e del
volo meccanico. Lo riacquisterete subito là, dove tutto è finto e
meccanico, riduzione e costruzione: un altro mondo nel
mondo: mondo manifatturato, combinato, congegnato; mondo
d'artificio, di stortura, d'adattamento, di finzione, di vanità;
mondo che ha senso e valore soltanto per l'uomo che ne è
l'artefice."

(Luigi Pirandello – Uno, nessuno centomila)

"La verità è una bella donna con il volto coperto da un fitto velo nero. La guardi ma è come se non la guardassi veramente a fondo. Lei non si fa vedere in viso e tu puoi così immaginarla come vorresti che sia."

(Luigi Pirandello)


"Una realtà non ci fu data e non c'è, ma dobbiamo farcela noi, se vogliamo essere: e non sarà mai una per tutti, una per sempre, ma di continuo e infinitamente mutabile. Ogni realtà è un inganno. Possiamo conoscere soltanto quello a cui riusciamo a dar forma. Ma che conoscenza può essere? E forse questa forma la cosa stessa? Sí, tanto per me, quanto per voi; ma non cosí per me come per voi: tanto vero che io non mi riconosco nella forma che mi date voi, né voi in quella che vi do io; e la stessa cosa non è uguale per tutti e anche per ciascuno di noi può di continuo cangiare, e difatti cangia di continuo. Perché, se ci pensate bene, questo è il meno che possa seguire dalle tante realtà insospettate che gli altri ci dànno. Superficialmente, noi sogliamo chiamarle false supposizioni, erronei giudizi, gratuite attribuzioni. Ma tutto ciò che di noi si può immaginare è realmente possibile, ancorché non sia vero per noi. Che per noi non sia vero, gli altri se ne ridono. È vero per loro. Tanto vero, che può anche capitare che gli altri, se non vi tenete forte alla realtà che per vostro conto vi siete data, possono indurvi a riconoscere che piú vera della vostra stessa realtà è quella che vi dànno loro."

(Luigi Pirandello – Uno, nessuno centomila)

"Ma la causa vera di tutti i nostri mali, di questa tristezza nostra, sai qual è? La democrazia, mio caro, la democrazia, cioè il governo della maggioranza. Perché, quando il potere è in mano d'uno solo, quest'uno sa d'esser uno e di dover contentare molti; ma quando i molti governano, pensano soltanto a contentar se stessi, e si ha allora la tirannia più balorda e più odiosa; la tirannia mascherata da libertà."

(Luigi Pirandello)

"La civiltà vuole che si auguri il buon giorno a uno che volentieri si manderebbe al diavolo; ed essere bene educati vuol dire appunto esser commedianti."

(Luigi Pirandello)

"E dimentichiamo spesso e volentieri di essere atomi infinitesimali; e ci azzuffiamo per un pezzettino di terra o ci doliamo di certe cose che, ove fossimo veramente compenetrati di quello che siamo, dovrebbero parerci miserie incalcolabili."

(Luigi Pirandello)

"Le anime hanno un loro particolar modo d'intendersi, d'entrare in intimità, fino a darsi del tu, mentre le nostre persone sono tuttavia impacciate nel commercio delle parole comuni, nella schiavitù delle esigenze sociali."

(Luigi Pirandello)

"Oh, perché gli uomini smaniosamente si affannano così a rendere man mano più complicato il congegno della loro vita? Perché tutto questo stordimento di macchine? E che farà l'uomo quando le macchine faranno tutto? Si accorgerà allora che il così detto progresso non ha nulla a che fare con la felicità? Di tutte le invenzioni, con cui la scienza crede onestamente d'arricchire l'umanità (e la impoverisce, perché costano tanto care), che gioia in fondo proviamo noi, anche ammirandole? Noi ci aggiriamo qua, nella vita, come ciechi, con tutta la luce elettrica che abbiamo inventato!"

(Luigi Pirandello)


"L'inferno dei viventi non è qualcosa che sarà; se ce n'è uno, è quello che è già qui, l'inferno che abitiamo tutti i giorni, che formiamo stando insieme. Due modi ci sono per non soffrirne. Il primo riesce facile a molti: accettare l'inferno e diventarne parte fino al punto di non vederlo più. Il secondo è rischioso ed esige attenzione e apprendimento continui: cercare e saper riconoscere chi e cosa, in mezzo all'inferno, non è inferno, e farlo durare, e dargli spazio."

(Italo Calvino)


"L'unico modo per sfuggire alla condizione di prigioniero è capire com'è fatta la prigione."

(Italo Calvino)

"Nel paese della bugia, la verità è una malattia."

(Gianni Rodari)

"Noi vediamo, sentiamo, parliamo, ma non sappiamo quale energia ci fa vedere, sentire, parlare e pensare. E quel che è peggio, non ce ne importa nulla. Eppure noi siamo quell'energia. Questa è l'apoteosi dell'ignoranza umana."

(Albert Einstein)


"Non sono un ateo. Il problema è troppo vasto per le nostre menti limitate. Siamo nella posizione di un bimbetto che entra in un'immensa biblioteca piena di libri scritti in molte lingue. Il bambino sa che qualcuno deve aver scritto quei libri. Ma non sa come. Non capisce le lingue in cui sono scritti. Intuisce indistintamente un ordine misterioso nella disposizione dei libri, ma non sa quale sia. Questo, mi sembra, è l'atteggiamento anche del più intelligente degli esseri umani verso Dio. Vediamo un universo meravigliosamente organizzato che obbedisce a certe leggi, ma comprendiamo solo indistintamente queste leggi."

(Albert Einstein)


"Il vero valore di un essere umano si determina esaminando in quale misura e in che senso egli è giunto alla liberazione dall'ego. "

(Albert Einstein)

"E' del tutto possibile che oltre la percezione dei nostri sensi si nascondano mondi a noi ignoti"

(Albert Einstein)

"Qualcosa di profondamente nascosto deve trovarsi dietro ogni cosa. La ricerca della verità e della conoscenza è una delle più alte attività umane, anche se spesso ne menano più vanto quelli che meno vi partecipano."

(Albert Einstein)


"Colui che segue la folla non andrà mai più lontano della folla. Colui che va da solo è più probabile che si ritroverà in luoghi dove nessuno è mai arrivato."

(Albert Einstein)


"Sono pochi quelli che vedono coi propri occhi e provano sentimenti con i propri cuori."

(Albert Einstein)


"I grandi spiriti hanno sempre trovato la violenta opposizione dei mediocri, i quali non sanno capire l'uomo che non accetta stupidamente i pregiudizi ereditari, ma con onestà e coraggio usa la propria intelligenza."

(Albert Einstein)

"La mia religione consiste di un'umile ammirazione per l'illimitato spirito superiore che rivela se stesso nei leggeri dettagli che siamo capaci di percepire con la nostra mente gracile e debole."

(Albert Einstein)


"Quando l'ego si mette da parte, si accede alla memoria del tutto."

(Albert Einstein)


"La vita e la morte confluiscono in uno e non c'è né evoluzione né destino, soltanto essere."

(Albert Einstein)


"Non si può risolvere un problema con la stessa mentalità che l'ha generato."

(Albert Einstein)


"La cosa importante è non smettere mai di porsi domande. La curiosità ha le sue buone ragioni di esistere. Non si può che restare sgomenti quando si contemplano i misteri dell'eternità, della vita, della meravigliosa struttura della realtà. È sufficiente cercare solo di capire un pò di questo mistero ogni giorno. Mai perdere il gusto di una sana curiosità."

(Albert Einstein)

"Chi non riesce più a provare stupore e meraviglia è già come morto e i suoi occhi sono incapaci di vedere."

(Albert Einstein)


"Tutto è determinato da forze sulle quali non abbiamo alcun controllo. Vale per l'insetto come per gli astri, esseri umani, vegetali o polvere cosmica, tutti danziamo al ritmo di una musica misteriosa, suonata in lontananza da un pifferaio invisibile."

(Albert Einstein)


"Due cose sono infinite: l'universo e la stupidità umana, ma riguardo l'universo ho ancora dei dubbi."

(Albert Einstein)


"Il mondo che abbiamo creato è il prodotto del nostro pensiero e dunque non può cambiare se prima non modifichiamo il nostro modo di pensare."

(Albert Einstein)


"La mente che si apre ad una nuova idea non torna mai alla dimensione precedente."

(Albert Einstein)

"La materia non è nient'altro che energia che vibra a frequenze sufficientemente basse per essere percepite dai nostri sensi."

(Albert Einstein)


"La realtà è pura illusione, sebbene un'illusione persistente. Spazio e Tempo non sono condizioni in cui viviamo, ma modi in cui pensiamo."

(Albert Einstein)


"Una persona inizia a vivere quando impara a vivere al di fuori della prigione del suo ego."

(Albert Einstein)


"La più bella e profonda sensazione che possiamo provare è la sensazione del mistico. E questo misticismo è ciò che sta alla base di tutta la vera scienza. Se esiste un concetto come quello di Dio, allora è un sottile spirito, non l'immagine dell'uomo che così tanti hanno fissata nella loro mente."

(Albert Einstein)


"Lo studio e la ricerca della verità e della bellezza rappresentano una sfera di attività in cui è permesso di rimanere bambini per tutta la vita."

(Albert Einstein)

"Temo il giorno in cui la tecnologia andrà oltre la nostra
umanità: il mondo sarà popolato allora da una generazione di
idioti."

(Albert Einstein)


"La luce è l'ombra di Dio; poichè tutto ciò che è materia
proietta un'ombra scura, quando Dio si materializza, essendo
puro spirito, diviene luce."

(Albert Einstein)


"Tutto è Energia e questo è tutto quello che Esiste. Sintonizzati
alla frequenza della realtà che desideri e non potrai fare a meno
di ottenere quella Realtà. Non c'è un'altra via. Questa non è
filosofia. Questa è Fisica."

(Albert Einstein)


"Per quanto riguarda la materia, abbiamo sbagliato tutto. Ciò
che abbiamo chiamato 'materia' è energia la cui vibrazione è
così bassa da essere percepibile ai sensi. Non c'è materia."

(Albert Einstein)

"Solo coloro che pensano a metà diventano atei; coloro che
vanno a fondo col loro pensiero e vedono le relazioni
meravigliose tra le leggi universali, riconoscono una potenza
creatrice."

(Max Planck)

"Dio è un pozzo, ogni religione vi attinge, l'una con un secchio, l'altra con una giara, la terza con un otre. Guardiamo all'acqua e non alla forma dei nostri recipienti."

(Gandhi)

"Se tutti lavorassero per il proprio pane e niente più, ci sarebbe abbastanza cibo e tempo libero per tutti. I nostri bisogni si ridurrebbero al minimo, il nostro cibo si semplificherebbe. Allora lavoreremmo per vivere, anziché vivere per lavorare."

(Gandhi)

"Sii il cambiamento che vuoi vedere nel mondo"

(Gandhi)

"Chi non è in pace con se stesso, è in guerra col mondo intero."

(Gandhi)

"Nel processo della manifestazione, tutto avviene per creare l'illusione della molteplicità e per impedire la realizzazione dell'identità fondamentale di ogni essere, poiché ciò porterebbe alla distruzione della nozione di io, che è la forza di coesione che unisce gli elementi costitutivi dell'essere individuale, il testimone che dà la sua realtà al cosmo. Qualsiasi indebolimento della tendenza centripeta caratterizzante l'individualità è contrario al processo di creazione del mondo.

Lo scopo di ogni creatore è di impedire una realizzazione che distrugga la sua creazione. Ecco perché il Sé non è alla portata del debole. Bisogna conquistarlo andando contro tutte le forze della natura, tutte le leggi della creazione."

(Alain Daniélou)

"Viviamo in un'epoca pericolosa. L'essere umano ha imparato a dominare la natura molto prima di aver imparato a dominare se stesso."

(Albert Schweitzer)

"Andai nei boschi perché desideravo vivere con saggezza, per affrontare solo i fatti essenziali della vita, e per vedere se non fossi capace di imparare quanto essa aveva da insegnarmi, e per non scoprire, in punto di morte, che non ero vissuto."

(Henry David Thoreau)

"Un tempo non era permesso a nessuno di pensare liberamente. Ora sarebbe permesso, ma nessuno ne è più capace. Ora la gente vuole pensare ciò che si suppone debba pensare. E questo lo considera libertà."

(Oswald Spengler)

"In questo mondo non vediamo le cose come sono. Le vediamo come siamo, perché ciò che vediamo dipende principalmente da ciò che stiamo cercando."

(John Lubbock)


"Viviamo in un mondo di fantasie e illusioni. Il nostro compito più arduo è trovare la realtà."

(Iris Murdoch)


"Perdere un'illusione rende più saggi che trovare una verità."

(Ludwig Börne)


"Strappa all'uomo medio le illusioni di cui vive, e con lo stesso colpo gli strappi la felicità."

(Henrik Ibsen)


"La Luce acceca chi da molto dimora nelle tenebre."

(Mizar)

"Segavano i rami sui quali erano seduti e si scambiavano a gran voce la loro esperienza di come segare più in fretta, e precipitarono con uno schianto. E quelli che li videro scossero la testa segando e continuarono a segare."

(Bertold Brecht)

"Per capire e raggiungere ciò che vuoi comincia a scartare ciò che non vuoi."

(Mark Twain)


"Quando ti trovi d'accordo con la maggioranza, è il momento di fermarti a riflettere."

(Mark Twain)


"Ogni razza decide da sé cosa è indecente. La natura non conosce indecenze. È l'uomo a inventarle."

(Mark Twain)


"I migliori maestri sono quelli che ti indicano dove guardare, ma non ti dicono cosa vedere."

(Alexandra K. Trenfor)


"Il più grande risultato è essere se stessi in un mondo che costantemente cerca di farti fare un'altra cosa."

(R.W. Emerson)

"Tutti vedono la violenza del fiume in piena, nessuno vede la violenza degli argini che lo costringono."

(Bertold Brecht)

"Quando siamo troppo allegri, in realtà siamo infelici.
Quando parliamo troppo, in realtà siamo a disagio.
Quando urliamo, in realtà abbiamo paura.
In realtà, la realtà non è quasi mai come appare.
Nei silenzi, negli equilibri, nelle "continenze"
si trovano la vera realtà e la vera forza."

(Virginia Woolf)


"Non potete mettere alcun cancello, alcuna catena, alcun
lucchetto alla mia libertà mentale."

(Virginia Woolf)


"L'uomo deve sapere che quando si esclude dal contatto
vivificante e purificante con l'infinito e conta solo su se stesso
per la propria sopravvivenza e salute, si spinge verso la follia,
si riduce in brandelli e divora la sua vera sostanza."

(Rabindranath Tagore)


"La vera miseria dell'uomo consiste nel non essersi pienamente
emancipato, nell'essere immerso nella sua propria oscurità,
perduto in mezzo ai suoi desideri. È la tragedia della vita
umana questo continuo tentare inutilmente d'estendere i limiti
di cose che non potranno mai divenire illimitate, di raggiungere
l'Infinito moltiplicando assurdamente i gradini della scala delle
cose finite. Soltanto quando arriva alla giusta comprensione
della natura dei suoi beni, l'uomo cessa d'aver illusioni su di
essi: allora egli comprende che il suo spirito è molto al di sopra

di tali oggetti e si libera dalla loro servitù. In tal modo egli arriva alla vera comprensione, diventando superiore ai suoi beni; il progresso, nel cammino della vita eterna, si ottiene per una serie di rinunce."

(Rabindranath Tagore)

"Oggi, come mai nella nostra storia, è necessario l'aiuto di un potere spirituale. E io credo che sicuramente una tale risorsa verrà scoperta nelle segrete profondità del nostro essere. Ci saranno dei pionieri che assumeranno su di sé questa impresa e le sofferenze che essa comporta; e in questa maniera apriranno la via a quel più elevato modo di vivere in cui risiede la nostra salvezza."

(Rabindranath Tagore)

"Una mente che ragioni solo con la logica è come un coltello che abbia solo lama; senza l'impugnatura, inevitabilmente farà sanguinare la mano che lo usa."

(Rabindranath Tagore)

"Il bambino nasce filosofo, pone domande, ascolta, elabora risposte; poi arriva l'adulto con i suoi: "non puoi capire", "è così e basta", "quando crescerai capirai", "ascolta quello che dico perchè sono più grande", "zitto quando parlano i grandi", "è così, è sempre stato così", "il tuo lavoro è andare bene a scuola". Piano piano spegne la fiamma e il bambino vivo diventa un adulto morto."

(Egon Schiele)

"Nel vostro mondo, che vede la felicità nell'ignoranza e nell'inganno, ogni cosa finisce miserabilmente imbrattata dal sangue di guerre fratricide. Confondendo l'amore con il desiderio avete insanguinato il mondo. Sensazione… nutrizione… masticazione… procreazione…! È questo il ciclo naturale di voi larve senza occhi! E il vostro desiderio? Qual è per voi il paradiso? Io dico che è la donna. Il vostro massimo desiderio si consuma in un bordello. Non c'è sana comprensione nel vostro mondo, questa transizione insanguinata dalla procreazione e dal massacro. Odiate per necessità e amate il vostro prossimo divorandolo. E voi cerchereste la salvezza? Salvezza forse del vostro intestino malato; credenze distorte: desideri perversi. I vostri precetti presi a prestito e le preghiere sono fetore per tutte le buone narici!"

(Austin Osman Spare – Anatema di Zos, Discorso agli Ipocriti)


"La vera vocazione di ognuno è una sola, quella di arrivare a se stesso. Finisca poeta o pazzo, profeta o delinquente, non è affar suo, e in fin dei conti è indifferente. Affar suo è trovare il proprio destino, non un destino qualunque, e viverlo tutto e senza fratture dentro di sé. Tutto il resto significa soffermarsi a metà, è un tentativo di fuga, è il ritorno all'ideale della massa, è adattamento e paura del proprio cuore."

(Hermann Hesse, Demian)

"Cosa sono i millenni? Una manciata di tempo. Polvere in confronto a un unico sguardo dell'eternità."

(Hermann Hesse)

"Quando odiamo qualcuno, odiamo nella sua immagine qualcosa che sta dentro di noi. Ciò che non è in noi non ci mette in agitazione."

(Hermann Hesse)


"Come corpo ognuno è singolo, come anima mai."

(Hermann Hesse)


"No, l'uomo che cerca veramente, l'uomo che veramente vuol trovare, non può accogliere nessuna dottrina."

(Herman Hesse, Siddartha)


"Non esiste realtà tranne quella che è in noi. Le cose che vediamo sono le stesse che sono dentro di noi. Gli uomini vivono perlopiù in un modo così irreale perché prendono per realtà le immagini esterne e non permettono al proprio mondo interiore di manifestarsi."

(Hermann Hesse)


"Per me, sveglio è chi conosce con l'intelletto e con la coscienza se stesso, le proprie forze intime e irrazionali, i propri istinti e le proprie debolezze, e sa tenerne conto."

(Hermann Hesse)

"L'uomo si differenzia dal resto della natura soprattutto per una viscida gelatina di menzogne che lo avvolge e lo protegge."

(Hermann Hesse)


"La maggior parte degli uomini sono come una foglia secca che si libra nell'aria e scende ondeggiando al suolo. Ma altri, pochi, sono come le stelle fisse, che vanno per un loro corso preciso e non c'è vento che li tocchi, hanno in se stessi la loro legge e il loro cammino."

(Hermann Hesse, Siddartha)


"Non vi è realtà se non quella contenuta dentro di noi. Questo spiega perchè così tanta gente vive una vita non reale; essi prendono le immagini dall'esterno come realtà, e non permettono al mondo dentro di rivendicare se stesso."

(Hermann Hesse)

"La saggezza non può essere trasmessa. La saggezza che un saggio tenta di trasmettere suona sempre simile alla follia."

(Hermann Hesse)


"L'avanzare della civiltà comporta quasi necessariamente il declino del senso di meraviglia. E questo fatto costituisce un sintomo allarmante del nostro stato d'animo. L'umanità non perirà per mancanza d'informazione ma per mancanza di apprezzamento. L'inizio della nostra felicità sta nel comprendere che una vita senza meraviglia non vale la pena di essere vissuta. Tutti i pensieri e i sentimenti che riguardano il mondo tangibile e conoscibile non esauriscono l'infinito anelito che si agita in noi. La ragione esplorando le leggi della natura tenta di decifrare le note ma non afferra l'armonia; il senso dell'ineffabile, invece, ricerca il canto. Abbagliati dalle brillanti conquiste dell'intelletto nella scienza e nella tecnica, siamo stati indotti a crederci padroni della terra e a considerare la nostra volontà come l'estremo criterio di ciò che è giusto e sbagliato. Coloro che tengono più alla realtà che all'informazione, coloro per i quali la vita è più importante dei concetti e il mondo vale più delle parole, non arrivano mai a illudersi che ciò che sanno e percepiscono sia il nocciolo della realtà. Noi siamo capaci di servirci delle cose, di catalogarle con parole forbite; ma allorché cessiamo di piegarle ai nostri scopi e di imporre loro i modelli del nostro intelletto, rimaniamo come storditi e incapaci di dire che cosa sono in realtà; incapaci di affrontare qualcosa che si affaccia davanti a noi: qualcosa di troppo grandioso perché lo possiamo percepire. Ogni ordine e sapienza manifestano qualcosa che li trascende, qualcosa che si trova al di là del tempo e dello spazio. Il mondo è pieno di tali segni indicativi; ovunque andiamo, incontriamo l'ineffabile, e i nostri sensi sono troppo deboli e indegni per poterlo afferrare. La nostra percezione è come ascoltare una lingua straniera: percepiamo i suoni, ma ci sfuggono i significati. Il mistero non è il risultato di un bisogno: è un fatto. L'ondata di mistero non è un pensiero della nostra mente ma una presenza potentissima al di là della mente. La verità è che noi siamo tutti immersi nel mistero, ne siamo impregnati; anzi, in parte, siamo noi stessi mistero. Ogni cosa accenna a qualcosa che la trascende; il dettaglio indica il tutto; il tutto, l'idea; l'idea, la sua radice misteriosa. Ciò che sembra un centro non è che un punto sulla circonferenza di un altro centro. La totalità di una cosa è in effetti l'infinità. Tutte le cose comportano più significato di quanto non sia contenuto nel loro essere: esse significano più di quanto sono in se stesse. I fatti finiti contengono anch'essi un significato infinito. Non è venerabile ciò che è conosciuto, giacché il noto si trova entro il raggio della nostra comprensione, mentre noi veneriamo soltanto ciò che ci trascende. Noi non veneriamo il corso regolare delle stagioni ma ciò che lo rende possibile; non veneriamo il calcolatore ma la mente che l'ha inventato; non il sole, ma la forza che lo ha creato. Coloro per i quali la consapevolezza dell'ineffabile costituisce uno stato d'animo costante sanno che il mistero non è un'eccezione ma un'atmosfera che regna intorno a ogni essere, una condizione spirituale della realtà; non qualcosa a parte, ma una dimensione dell'esistenza tutta. Essi imparano a sentire che ogni esistenza è avvolta in una presenza spirituale; che la vita non è una proprietà dell'io; che il mondo è una casa aperta in cui la presenza del proprietario è così ben mascherata che noi generalmente interpretiamo come non esistenza la sua discrezione. Egli non è un essere, ma l'essere dentro e al di là di tutti gli esseri. Affrontare il mistero dell'esistenza è uno smascheramento intellettuale che trascina la mente a interrogativi senza fine, le cui risposte non sono facili. L'uomo moderno crede, perciò, che la sua sicurezza consista nel non sollevare simili problemi. Gli interrogativi ultimi sono divenuti l'oggetto preferito del suo disinteresse. Visto che il dedicarsi a materie tangibili è altamente redditizio, non lo interessa l'attenzione per le questioni imponderabili e preferisce erigere una torre di Babele sulla ristretta base di un più profondo disinteresse. Il disinteresse per il problema ultimo è possibile finché l'uomo trova la sua tranquillità dedicandosi a obiettivi parziali. Quando però la torre comincia a vacillare, quando la morte spazza via quello che era sembrato potente e indipendente, quando nei giorni sinistri le delizie della lotta cedono il posto all'incubo della futilità, allora egli diventa consapevole del pericolo inerente all'evasione, del vuoto che sta alla base degli obiettivi ristretti. Il suo timore di avere sperperato nel gioco la vita, guadagnando poco, spalanca la sua anima agli interrogativi che aveva cercato di evitare. I rapporti dell'uomo con lo Stato, con la società, con la famiglia ecc. non arrivano a compenetrare tutti gli strati della sua personalità. Nella sua solitudine finale, quando la morte gli si avvicina, questi rapporti vengono sparsi al vento come fieno. Solo nella dimensione del sacro egli sopporta qualunque cosa gli accada."

(Abraham J. Heschel – L' Uomo Non è Solo)


"L'uomo è libero; non esistono finalità universali che lo condizionino, non si danno scopi divini che lo astringano: nulla lo obbliga se non ciò a cui egli stesso si lega. Perciò egli è, nell'essenza, libero. Ma occorre, anzi urge, che egli lo sappia: altrimenti egli, senza saperlo, usa il suo essere libero per distruggere se stesso."

(Massimo Scaligero)


"Sfuggire al contagio della follia e della vertigine collettiva tornando a stringere per conto proprio, al di sopra dell'idolo sociale, il patto originario dello spirito con l'universo."

(Simon Weil)

"Tutto questo universo, con il suo Dio e il suo Diavolo, con tutto ciò che esso ha, è un geroglifico eternamente da decifrare. Viviamo in questo mondo di simboli, allo stesso tempo chiaro e oscuro, tenebra visibile, per così dire; e ogni simbolo è una verità sostituibile a un'altra verità, finchè il tempo e le circostanze restituiscano quella vera. Tutte le religioni sono vere, per quanto opposte e contraddittorie possano sembrare. Sono simboli differenti che appartengono a un'unica realtà, sono come la stessa frase pronunciata in varie lingue; tanto che non si intendono gli uni con gli altri, pur dicendo la stessa cosa. Quando un pagano dice Giove e un cristiano dice Dio, stanno provando la stessa emozione in termini diversi di intelligenza: stanno pensando diversamente la stessa intuizione.

Ogni volta che mi affaccio vedo nuove religioni, nuove grandi iniziazioni, nuove forme, tutte contraddittorie, della verità eterna, che neppure Dio conosce. Tutto è molto più misterioso di ciò che si giudica, e tutto questo, Dio l'universo e io, è solamente un angolino inventato della verità inattingibile. La più nobile delle iniziazioni finisce con la domanda incarnata, se esiste qualcosa che esista. La verità tuttavia è che non esisto, nè io nè qualcos'altro. Tutto questo universo e tutti gli altri universi, con i loro diversi creatori e i loro diversi Satana, sono dei vuoti nel vuoto, dei nulla che girano, satelliti nell'orbita inutile di nessuna cosa."

(Fernando Pessoa, l'Ora del Diavolo)

"Non subordinarsi a niente, né a un uomo né a un amore né a un'idea; avere quell'indipendenza distante che consiste nel diffidare della verità e, ammesso che esista, dell'utilità della sua conoscenza. Appartenere: ecco la banalità. Fede, ideale, donna o professione: ecco la prigione e le catene. Essere è essere libero. No: niente legami, neppure con noi stessi! Liberi da noi stessi e dagli altri, contemplativi privi di estasi, pensatori privi di conclusioni, vivremo, liberi da Dio, il piccolo intervallo che le distrazioni dei carnefici concedono alla nostra estasi da cortile."

(Fernando Pessoa)


"Il mondo esterno esiste come un attore su di un palco: sta lì, ma è un'altra cosa. Tutta la vita è una simbologia confusa. Tutto qui in basso è simbolo e ombra. Siamo convinti di vivere e siamo morti; crediamo di essere morti e stiamo vivendo. Noi non ci realizziamo mai. Siamo due abissi: un pozzo che fissa il Cielo. Mi sento multiplo. Sono come una stanza dagli innumerevoli specchi fantastici che distorcono in riflessi falsi un'unica anteriore realtà che non è in nessuno ed è in tutti. Vivo sempre nel presente. Non conosco il futuro. Non ho più il passato. L'uno mi pesa come la possibilità di tutto, l'altro come realtà di nulla. In me ogni affetto si verifica in superficie, ma con sincerità. Sono stato sempre attore, e sul serio. Ogni volta che ho amato ho finto di amare, e ho finto con me stesso. Non ho fatto altro che sognare. Questo, e questo soltanto, è sempre stato il senso della mia vita. Non ho mai avuto altra preoccupazione vera se non la mia vita interiore."

(Fernando Pessoa)

"Il mondo è di chi non sente. La condizione essenziale per essere un uomo pratico è la mancanza di sensibilità."

(Fernando Pessoa)


"La vita è un viaggio sperimentale fatto involontariamente. È un viaggio dello spirito attraverso la materia, e poiché è lo spirito che viaggia, è in esso che noi viviamo. Ci sono perciò anime contemplative che hanno vissuto più intensamente, più largamente, più tumultuosamente di altre che hanno vissuto la vita esterna. Conta il risultato. Ciò che abbiamo sentito è ciò che abbiamo vissuto."

(Fernando Pessoa)


"C'è un tempo in cui devi lasciare i vestiti, quelli che hanno già la forma abituale del tuo corpo, e dimenticare il solito cammino, che sempre ci porta negli stessi luoghi. È l'ora del passaggio: e se noi non osiamo farlo, resteremo sempre lontani da noi stessi."

(Fernando Pessoa)


"Non amiamo mai nessuno. Amiamo solamente l'idea che ci facciamo di qualcuno. È un nostro concetto (insomma, noi stessi) che amiamo. Questo discorso vale per tutta la gamma dell'amore. Nell'amore sessuale cerchiamo il nostro piacere ottenuto attraverso un corpo estraneo. Nell'amore che non è quello sessuale cerchiamo un nostro piacere ottenuto attraverso un'idea nostra. Due persone dicono reciprocamente "ti amo", o lo pensano, e ciascuno vuol dire una cosa diversa, una vita diversa, perfino forse un colore diverso o un aroma diverso, nella somma astratta di impressioni che costituisce l'attività dell'anima."

(Pessoa)


"Considero la vita una locanda, dove devo fermarmi fino all'arrivo della diligenza dell'abisso. Non so dove mi condurrà, perché non so niente. Potrei considerare questa locanda una prigione, perchè in essa sono costretto all'attesa; potrei considerarla un luogo in cui socializzare, perchè qui mi ritrovo insieme ad altri. Non sono, però, né impaziente né spontaneamente naturale. Per tutti noi scenderà la notte e arriverà la diligenza. Godo della brezza che mi è data e dell'anima che mi è stata data per goderla, e non mi pongo altre domande né cerco altro. Se ciò che lascerò scritto nel libro dei clienti, riletto un giorno da qualcuno, potrà intrattenerlo nel transito, andrà bene. Se nessuno lo leggerà, né si intratterrà, andrà bene ugualmente."

(Fernando Pessoa)


"Il vero significato dell'iniziazione è che questo mondo visibile in cui viviamo è un simbolo e un'ombra, che questa vita che conosciamo tramite i sensi è una morte e un sonno, o, in altre parole, che quanto vediamo è un'illusione. L'iniziazione è il dissolversi – un dissolversi graduale, parziale – di questa illusione. La ragione del suo segreto è che la maggior parte degli uomini non è adatta a comprenderlo, e quindi lo comprenderebbe male e lo fraintenderebbe, se fosse reso pubblico. La ragione per cui il significato è simbolico risiede nel fatto che l'iniziazione non è una conoscenza, ma una vita, e l'uomo deve dunque scoprire da sé ciò che i simboli mostrano, perché così vivrà la loro vita, senza limitarsi ad apprendere le parole con cui vengono rivelati."

(Fernando Pessoa)


"Mi alzo dalla sedia con uno sforzo mostruoso, ma ho l'impressione di portarmela dietro, ho l'impressione che è più pesante, perchè è la sedia del soggettivismo. Vivere è fare l'uncinetto con le opinioni degli altri. Avanzo lentamente, defunto, e la mia visione non è più mia, non è più niente: è quella dell'animale umano che ha ereditato senza volerlo la cultura greca, l'ordine romano, la morale cristiana e tutte le altre illusioni che formano la civiltà all'interno della quale io percepisco. Dove saranno i vivi?"

(Fernando Pessoa)


"Viaggiare? Per viaggiare basta esistere. Passo di giorno in giorno come di stazione in stazione, nel treno del mio corpo, o del mio destino, affacciato sulle strade e sulle piazze, sui gesti e sui volti, sempre uguali e sempre diversi come in fondo sono i paesaggi. Se immagino, vedo. Che altro faccio se viaggio? La vita è ciò che facciamo di essa. I viaggi sono i viaggiatori. Ciò che vediamo non è ciò vediamo, ma ciò che siamo. Soltanto l'estrema debolezza dell'immaginazione giustifica che ci si debba muovere per sentire."

(Fernando Pessoa)

"Nuvole... esisto senza che io lo sappia e morirò senza che io lo voglia. Sono l'intervallo tra ciò che sono e ciò che non sono, fra quanto sogno di essere e quanto la mia vita mi ha fatto essere, la media astratta e carnale fra cose che non sono niente, più il niente di me stesso. Nuvole... che inquietudine se sento, che disagio se penso, che inutilità se voglio!"

(Fernando Pessoa)


"L'uomo può dimenticare la sua infelicità tra la confusione ed il rumore del mondo e del tempo, oppure cercare di unirsi misticamente con ciò che governa il mondo e il tempo."

(W.B. Yeats, Rosa Alchemica)


"La grandezza di un uomo sta nella capacità di crearsi una mente che rifletta ogni cosa con l'indifferente precisione di uno specchio."

(W.B. Yeats, Rosa Alchemica)


"L'alchimia è la distillazione graduale dei contenuti dell'anima, fino a quando non siano pronti a spogliarsi del mortale per rivestirsi dell'immortale. Tutto deve dissolversi nel fuoco dell'alchimista, prima che la sostanza divina si risvegli."

(W.B. Yeats, Rosa Alchemica)

"Ho un male che nemmeno l'eternità può curare. Ho visto il tutto, e come potrò mai più credere che una parte sia il tutto? La mia anima è perduta perchè ho guardato con gli occhi degli angeli."

(W.B. Yeats, Rosa Alchemica)


"Lo stesso sentimento di estraneità, di gioco inutile, ovunque io vada: fingo di interessarmi a ciò che mi è indifferente, mi dimeno per automatismo o per carità, senza essere mai partecipe, senza essere mai da nessuna parte. Tutto è privo di fondamento e di sostanza. Ciò che mi attira è altrove, e questo altrove non so cosa sia. La vita diverrebbe sopportabile soltanto in seno a un'umanità che non serbasse più alcuna illusione, un'umanità completamente disillusa e felice di esserlo. Mi intendo veramente bene con qualcuno soltanto allorchè questi ha raggiunto il fondo di se stesso e non ha nè il desiderio nè la forza di ripristinare le sue illusioni abituali. Con il passare degli anni diminuisce il numero di coloro con i quali ci si può capire. Quando non avremo più nessuno cui rivolgerci saremo finalmente quali eravamo prima di precipitare in un nome. Il barlume di luce che è in ognuno di noi e che risale a molto prima della nostra nascita, a molto prima di tutte le nascite, quello si deve salvaguardare se vogliamo riprendere contatto con quella luminosità remota dalla quale non sapremo mai perchè fummo separati. Rientrare in sè, percepire un silenzio antico quanto l'essere, anche più antico. La sensazione di essere tutto e la certezza di non essere niente."

(Emil Cioran)

"Tutto ciò che l'uomo fa mi sembra artificiale e inutile. Ho indulgenza solo per gli animali. Che assurdità questa scimmia che va in ufficio. Confinarsi in una stanza, mettersi al tavolo da lavoro, restarci per ore – no, l'ultima delle bestie è più vicina dell'uomo alla verità. E quando penso a quella razza dannata di funzionari che passano le giornate a occuparsi di cose che non li riguardano, che non hanno niente da spartire con le loro preoccupazioni e con il loro stesso essere! Nessuno, nella vita moderna, fa ciò che dovrebbe, soprattutto ciò che gli piacerebbe fare. Se penso che anche i contadini sono in via di estinzione! Decisamente, niente potrà mai riconciliarmi con l'avvenire dell'uomo."

(Emil Cioran, Quaderni)


"Siamo tutti insensati, prendiamo per reale ciò che non lo è. L'umanità è impiantata nel falso e sempre confonderà apparenza e sostanza. Tutto ha l'aria di esistere, e non c'è niente che esista. Non che il mondo non esista, ma la sua realtà non è una realtà. Percepire la parte di irrealtà in ogni cosa è il segno inconfutabile che si sta avanzando verso la verità."

(Emil Cioran, Il Funesto Demiurgo)


"Io fiuto in tutto e in tutti l'impostura, vedo dappertutto soltanto irrealtà e menzogna. Il che compromette parecchio i miei rapporti con gli altri. Quando incontro un uomo vero, il mio primo impulso è di pensare che si tratti di una svista o di un'allucinazione"

(Emil Cioran)

"Esistono solo le cose che abbiamo scoperto da soli; sono anche le uniche che conosciamo. Le altre sono tutte chiacchiere."

(Emil Cioran)


"Il desiderio di distruzione è così radicato in noi che nessuno riesce ad estirparlo. Fa parte della costituzione di ognuno, giacchè il fondo dell'essere stesso è certamente demoniaco. Il saggio è un distruttore placato, in pensione. Gli altri sono distruttori "in servizio". In quella che si è convenuto di chiamare "civiltà" risiede innegabilmente un principio diabolico di cui l'uomo ha preso coscienza troppo tardi, quando non era più possibile porvi rimedio. Come possono coesistere tanti uomini in uno spazio così ridotto, senza distruggersi, senza odiarsi mortalmente? In realtà si odiano, ma non sono all'altezza del loro odio. Questa mediocrità, questa impotenza salva la società, ne assicura la durata e la stabilità. Alberi massacrati. Sorgono case. Facce, facce dappertutto. L'uomo si estende. L'uomo è il cancro della terra."

(Emil Cioran)


"Vorrei tanto che un bel giorno tutti coloro che hanno un'occupazione o una missione da svolgere, uomini e donne, sposati o no, giovani e vecchi, seri o superficiali, tristi o allegri, abbandonassero le loro abitazioni e le loro incombenze, rinunciando a ogni dovere e obbligo, per uscire in strada e non fare più nulla. Tutta questa gente abbruttita, che sgobba senza sapere perché, o si illude di contribuire al bene dell'umanità, che fatica per le generazioni future sotto l'impulso della più sinistra delle illusioni, si vendicherebbe allora di tutta la mediocrità di una vita vana e sterile, di tutto questo spreco di energia privo dell'eccellenza delle grandi trasfigurazioni. Come amerei questi momenti in cui più nessuno si lascerebbe allettare da un'illusione o da un ideale, né tentare da alcuna delle soddisfazioni che offre la vita, in cui ogni rassegnazione sarebbe illusoria e in cui tutte le cornici della vita normale salterebbero definitivamente. Tutti coloro che soffrono in silenzio senza avere il coraggio di esprimere la loro amarezza neppure col più debole dei sospiri urlerebbero allora in un coro di sinistra disarmonia, le cui grida sconvolgenti farebbero tremare la terra intera."

(Emil Cioran)


"Soltanto chi non ha approfondito nulla può avere delle convinzioni."

(Emil Cioran)


"Percepire la parte di irrealtà in ogni cosa, segno inconfutabile che si sta avanzando verso la verità."

(Emil Cioran)


"Un giorno dovremo ammettere ufficialmente che ciò che abbiamo battezzato come realtà è un'illusione ancora più grande del mondo dei sogni."

(Salvador Dalí)

"Ho sempre visto quello che gli altri non vedevano; e quello che vedevano loro, io non lo vedevo."

(Salvador Dalí)


"Gli errori hanno quasi sempre una natura sacra. Non cercare di correggerli. Al contrario: razionalizzali, comprendili totalmente. Dopodiché, sarà possibile per te sublimarli."

(Salvador Dali)


"Non sono io il pagliaccio, ma lo è questa società mostruosamente cinica e così ingenuamente incosciente che gioca a fingere di essere seria per meglio nascondere la propria follia."

(Salvador Dalì)


"Chi non è in grado di cambiare il suo atteggiamento e le sue opinioni verso la vita, non è in grado di cambiare nulla della sua vita."

(George Bernard Shaw)


"Esiste la bellezza ed esiste l'inferno degli oppressi; per quanto possibile vorrei rimanere fedele a entrambi."

(Albert Camus)

"Meglio morire in piedi, che vivere una vita in ginocchio."

(Albert Camus)


"L'unico modo per interagire con un mondo non libero è quello di diventare così totalmente liberi che la nostra esistenza stessa diviene un atto di ribellione."

(Albert Camus)


"Ogni vita volta verso il denaro è una morte. La rinascita è nel disinteresse."

(Albert Camus)


"Ma io non sono folle e non sono mai stato così ragionevole come ora, semplicemente mi sono sentito all'improvviso un bisogno d'impossibile. Le cose così come sono non mi sembrano soddisfacenti. Non mi sono mai sentito allo stesso tempo così distaccato da me stesso e così presente nella realtà."

(Albert Camus)


"L'anima libera è rara, ma quando la vedi la riconosci, soprattutto perché provi un senso di benessere quando gli sei vicino."

(Charles Bukowski)

"La cosa terribile non è la morte, ma le vite che la gente vive o non vive fino alla morte. Non fanno onore alla propria vita, la pisciano via. La cagano fuori. Muti idioti. Troppo presi a scopare, film, soldi, famiglia, scopare. Hanno la testa piena di ovatta. Mandano giù Dio senza pensare, mandano giù la patria senza pensare. Dopo un po' dimenticano anche come si fa a pensare, lasciano che siano gli altri a pensare per loro. Hanno il cervello imbottito di ovatta. Gli suoni la grande musica dei secoli ma loro non sentono. Per molti la morte è una formalità. C'è rimasto ben poco che possa morire."

(Charles Bukowski)


"La perfezione mi fa schifo, mi repelle. Tutte quelle donne e quegli uomini che cercano la perfezione negli stereotipi creati della società mi fanno venire il vomito. Fottuti manichini di carne, senza personalità o amore per se stessi. Stessi vestiti, stessa musica, stesse espressioni, stessi cibi, stesse scopate, stesse auto, stesse vite…e alla fine? Stessi suicidi neurali di massa. Perché vivere come un automa è senza ombra di dubbio un suicidio. Quando tutti si è uguali, tutti si è nessuno. La perfezione è un uccellino in gabbia che vive, mangia, caga e muore con il solo scopo d'essere ammirato. Io voglio vivere libero, spiumato, infreddolito, denutrito ma libero."

(Charles Bukowski)

"Corrono come se avessero il fuoco sotto il sedere in cerca di qualcosa che non si trova. Si tratta fondamentalmente della paura di affrontare se stessi, si tratta fondamentalmente della paura di essere soli. Invece a me fa paura la folla."

(Charles Bukowski)

"La gente era sempre più spenta, bloccata nel capire, illusa di pensare. La gente era sempre più vuota, stanca di vedere, incapace di sentire. La vita era davvero insopportabile, solo che alla gente era stato insegnato a fingere che non lo fosse. Ogni tanto c'era un suicidio o qualcuno entrava in manicomio, ma per la maggior parte le masse continuavano a vivere fingendo che tutto fosse normalmente piacevole."

(Charles Bukowski)

"È mille volte meglio apparire infedeli davanti al mondo che essere infedeli verso noi stessi."

(Gandhi)

"Noi diventiamo quelli che siamo solo attraverso il rifiuto profondo e radicale di ciò che gli altri hanno fatto di noi."

(Jean-Paul Sartre)

"Ciascuno ha la sua piccola fissazione personale che gli impedisce di accorgersi che esiste. [...] Tutti questi tipi passano il loro tempo a spiegarsi, a riconoscere felicitandosene che sono della stessa opinione. Quanta importanza attribuiscono, mio Dio, a pensare tutti quanti le stesse cose. Mi sembra d'appartenere ad un'altra specie. Escono dagli uffici, dopo la giornata di lavoro, guardano le case e le piazze con un'aria soddisfatta, pensano che è la "loro" città, una "bella città borghese". Non hanno paura, si sentono a casa loro. Non hanno mai visto altro che l'acqua addomesticata che esce dai rubinetti, che la luce che sprizza dalle lampade quando si preme l'interruttore, che gli alberi meticci, bastardi, che vengono sorretti con i pali. Hanno la prova, cento volte al giorno, che tutto si fa meccanicamente, che il mondo obbedisce a leggi fisse e immutabili. I corpi abbandonati nel vuoto cadono tutti con la stessa velocità, il giardino pubblico viene chiuso tutti i giorni alle sedici d'inverno, e alle diciotto d'estate, il piombo fonde a 335 gradi, l'ultimo tram parte dal municipio alle ventitrè e cinque. Son pacifici, un po' malinconici, pensano a Domani, cioè, semplicemente, ad un altro oggi; le città non dispongono che d'una giornata che ritorna sempre uguale ogni mattina. La si impennacchia un po' la domenica. Che imbecilli. Mi ripugna pensare che sto per rivedere le loro facce ottuse e piene di sicurezza."

(Jean-Paul Sartre – La Nausea)


"La mia destinazione non è più un luogo, ma un modo di vedere."

(Marcel Proust)


"Anche se giriamo il mondo in cerca di ciò che è bello, o lo portiamo già in noi, o non lo troveremo."

(Ralph Waldo Emerson)

"Non è necessario che tu esca di casa. Rimani al tuo tavolo e ascolta. Non ascoltare neppure, aspetta soltanto. Non aspettare neppure, resta in perfetto silenzio e solitudine. Il mondo ti si offrirà per essere smascherato, non ne può fare a meno, estasiato si torcerà davanti a te."

(Franz Kafka)


"L'uomo, torturato dai propri diavoli, si vendica insensatamente contro il prossimo."

(Franz Kafka)


"La verità non esiste e la vita come la immaginiamo di solito è una rete arbitraria e artificiale di illusioni da cui ci lasciamo circondare. Sappiamo che esse sono il semplice risultato di accidenti o punti di vista, ma non abbiamo nulla da guadagnare ad abbatterle. E infatti, è straordinariamente insensato voler abbattere con un forcone da stalla un miraggio che non è mai esistito. Penso che all'uomo assennato convenga scegliere le fantasie che più gli aggradano e crogiolarvisi innocentemente, conscio del fatto che, siccome la realtà non esiste, non c'è niente da guadagnare e molto da perdere nel buttarle via. Ancora, non esistono fantasie preferibili ad altre, perché la misura del loro valore dipende dal rispettivo grado di adattamento alla mente che le contiene."

(Howard Phillips Lovecraft)

"Gli uomini di più ampio intelletto sanno che non c'è netta distinzione tra il reale e l'irreale, che le cose appaiono come sembrano solo in virtù dei delicati strumenti fisici e mentali attraverso cui le percepiamo."

(H.P. Lovecraft)


"La precisa programmazione del pensiero, dei sentimenti e delle impressioni sensoriali apparenti permette agli stati di polizia di mantenere una facciata democratica dietro alla quale denunciano a gran voce come "criminali" tutti quelli che si oppongono alla macchina del controllo."

(William Burroughs – I Ragazzi Selvaggi)


"Milioni di persone che leggono le stesse parole sui giornali, ruttano masticando, imprecando, ridacchiando, reagendo alle stesse parole. In modi diversi, naturalmente. Tutti che reagiscono in un modo o nell'altro al mondo di carta di eventi non visti che diventano una parte integrante della propria realtà."

(William Burroughs)


"I bulldozer stanno distruggendo le foreste pluviali per far posto a una razza, quella umana, sempre più svalutata, sempre più carente di scintilla vitale, di quell'ingrediente impagabile – l'energia che si trasforma in materia. Una enorme valanga di melma senz'anima."

(William Burroughs – La Febbre del Ragno Rosso)

"Guardate la prigione in cui siete, in cui tutti siamo. Questo pianeta è una colonia penale, un campo della morte… il luogo della Seconda e Finale Morte. Le probabilità di uscirne sono forse una su un miliardo. È l'ultimo gioco. Solo coloro che sanno lasciarsi dietro tutto ciò in cui hanno sempre creduto possono sperare di salvarsi."

(William Burroughs – Strade Morte)


"Le droghe allucinogene modificano lo schema di scansione della "realtà" in modo da mostrarci una "realtà" diversa – Non c'è nessuna "realtà" vera o reale – La "realtà" è semplicemente uno schema di scansione più o meno costante – Questo schema che accettiamo come "realtà" ci è stato imposto dal potere che controlla questo pianeta, un potere orientato principalmente verso il controllo totale."

(William Burroughs – Nova Express)


"La porta verso un'altra dimensione si può aprire quando la frattura tra ciò che uno dovrebbe sentire e ciò che uno in realtà sente fa uno strappo nel tessuto."

(William Burroughs – Strade Morte)


"Vi sono segreti che nessun uomo può apprendere e conservare la ragione. All'inizio del tempo ci fu un gesto così immondo che da allora siamo sempre stati a fuggirne, giù per i mesi e giù per i giorni, giù per i labirinti degli anni… nascondendoci dietro un milione di maschere vuote per coprire un terrore senza fondo… costruendo città, facendo guerre, giochi, qualsiasi cosa pur di non vedere l'orrore delle nostre origini."

(William Burroughs – Strade Morte)

"L'uomo è fermamente convinto di vegliare, ma in realtà è preso in una rete di sonno e di sogno che egli stesso ha tessuto. Più la rete è chiusa, più potente regna il sonno. Quelli che son presi nelle sue maglie sono gli addormentati che camminano attraverso la vita come armenti di bestie condotte al macello, indifferenti e senza pensare. I sognatori vedono attraverso le maglie un mondo chiuso da griglie, non scorgono che ingannevoli aperture, agiscono conseguentemente e non sanno che quei quadri sono soltanto frammenti senza senso di un tutto enorme. Questi sognatori non sono, come tu forse credi, gli uomini di bizzarra fantasia e i poeti; sono quelli che lavorano, i senza-pace del mondo, i tormentati dalla mania di agire. Sembrano brutti scarabei laboriosi che si arrampicano lungo un tubo liscio per entrarvi una volta in alto. Dicono che sono svegli, ma ciò che credono vita in realtà non è che un sogno, determinato in anticipo nei suoi particolari e sottratto all'influenza della loro volontà."

(Gustav Meyrinck)

"Credete realmente che tutte queste persone che si vedono camminare nelle strade possiedano un Io? Esse non posseggono assolutamente niente. Sono piuttosto possedute in ogni istante da uno spettro che in esse svolge il ruolo dell'Io."

(Gustav Meyrink)

"Potrai ricavare grande profitto se considererai questa una prima lezione e cercherai l'insegnamento spirituale non negli altri ma in te stesso. Soltanto gli ammaestramenti che ci vengono dal nostro spirito giungono al momento giusto, unicamente per essi siamo maturi. Dovrai essere sordo e cieco alle rivelazioni degli altri. Il sentiero che conduce alla vita eterna è sottile come il filo di un rasoio; tu non puoi aiutare gli altri, se li vedi brancolare nel buio, né devi aspettarti aiuto da loro. Chi guarda gli altri perde l'equilibrio e precipita. Qui non esiste un procedere comune come nel mondo, su questa via è assolutamente necessaria una guida, ma essa deve giungere a te dal regno dello spirito. Un essere umano può farti da guida soltanto nelle cose terrene: la sua condotta è la regola per giudicarlo. Tutto quello che non proviene dallo spirito è terra morta, e noi non vogliamo pregare altro Dio all'infuori di quello che si manifesta nella nostra anima."

(Gustav Meyrink, Il Domenicano Bianco)

"Veramente immortale è soltanto l'uomo che si è risvegliato; gli astri e gli Dei trascorrono, lui rimane e può fare quel che vuole. Sopra di lui non c'è nessun Dio. Quello che l'uomo considera Dio, è solo una condizione che egli stesso potrebbe raggiungere se fosse in grado di credere in sè; nella sua inguaribile cecità, invece, innalza una barriera che non osa scavalcare. Egli si crea un'immagine da adorare anzichè tramutarsi in essa. Se vuoi pregare, allora rivolgi le tue preghiere al tuo Sè invisibile; è l'unico Dio che ascolti le tue suppliche, gli altri Dei ti danno pietre anzichè pane. Sventurati quelli che pregano un idolo e ne sono esauditi: in questo modo perdono il loro Io, perchè non potranno più credere di aver esaudito da sè le proprie preghiere."

(Gustav Meyrink)

"Ma la saggezza indossa l'abito del buffone. Perché tutto ciò che vediamo e conosciamo, anche il nostro corpo, è un abito, nient'altro che un abito da buffone. Credi veramente che l'Io potrebbe reggere il mondo, se fosse veramente quale appare agli uomini?"

(Gustav Meyrink – La Notte di Valpurga)


"Quasi tutti gli uomini interiormente sono un letamaio. La tendenza a mentire a se stessi, ad esempio produce un tale concime."

(Gustav Meyrink)


"Ci sono due potenze alle quali non si deve mai sottostare; sono più insidiose delle vipere. Si deve loro spezzare i denti avvelenati, solo dopo le si può far danzare. La prima si chiama paura, la seconda sogno. Chi teme di ammalarsi ha già posto le premesse del male; chi ha paura di avere le vertigini, cade; chi teme il diavolo vi fa all'amore."

(Gustav Meyrink)


"Il presente è inafferrabile a tutti gli esseri della Terra perchè essi non vivono nella realtà. Se fossero in grado di sentire il presente avrebbero accesso anche all'eternità, dato che il presente non è nient'altro che l'eternità nella quale c'è la vera vita."

(Gustav Meyrink)

"Chi impara a muovere la luce può manovrare le ombre, e con loro il destino; chi cerca di ottenere ciò tramite le azioni è soltanto un'ombra che combatte inutilmente con le ombre."

(Gustav Meyrink)

"Non è triste tanto il fatto che gli individui soffrano, quanto che la loro sofferenza, da un punto di vista superiore, risulti priva di scopo. Non potrai evitare alcun dolore, finchè non sarai annoverato nella schiera di coloro che si sono "dissolti". Una sofferenza acquisterà senso e risulterà fruttuosa, solo se la considererai sotto l'aspetto spirituale. Credimi, non solo riuscirai a sopportare il dolore più facilmente, ma esso svanirà anche più rapidamente e, talvolta, darà persino origine all'opposto."

(Gustav Meyrink)

"Niente è orrendo, se lo si fa per la propria anima. Noi viviamo soltanto affinchè la nostra anima raggiunga la perfezione; chi sarà irremovibile, non perderà mai di vista questo obiettivo, lo sentirà sempre, ogni volta che intraprenderà o deciderà qualcosa, costui verrà fatto partecipe di una pace singolare, che fino a quel momento non avrà mai conosciuto, e il suo destino muterà in maniera incomprensibile. Non esistono spazi vuoti; in questa frase si cela il segreto che ognuno deve scoprire, se vuole trasformarsi da animale corruttibile a coscienza immortale."

(Gustav Meyrink – Il Domenicano Bianco)

"Nelle nostre scuole l'intelletto viene deformato fino a far inaridire il cuore. Poi quando si è riusciti nell'intento, si consegna il diploma di maturità. Ciò che il tuo spirito vuole che ti rimanga impresso nella memoria te lo rammenterai, perchè esso sarà fonte di gioia. L'unico colloquio da cui poi trarre insegnamento è quello interiore."

(Gustav Meyrink)


"L'inizio è ciò che manca all'uomo. Non sarebbe difficile trovarlo, ma l'ostacolo sta proprio nella convinzione di doverlo cercare. La vita è generosa; in ogni istante ci dona un nuovo inizio. La domanda: "Chi sono io?" ci incalza senza tregua. Noi la evitiamo; è questa la ragione per cui non troviamo l'inizio. Se mai decidessimo di porla veramente, giungerà il giorno il cui tramonto segnerà la morte di quei pensieri che, penetrati nelle stanze del potere, banchettano a spese della nostra anima."

(Gustav Meyrink)


"In un certo senso hanno perfettamente ragione quelli che ridono quando uno dice di voler cambiare l'umanità. E tuttavia sfugge loro il fatto che anche il cambiamento radicale di uno solo basterebbe. La sua opera non può morire, che il mondo ne venga a conoscenza o meno. Costui apre nella realtà una breccia destinata a non richiudersi mai più, non importa se gli altri se ne accorgeranno subito o dopo un milione di anni. Quel che è nato può svanire solo in apparenza. Aprire un buco nella rete in cui l'umanità si è imprigionata – non con prediche alla folla, non semplicemente scappando io stesso fra le maglie – ecco quel che voglio."

(Gustav Meyrink)

"Ogni cosa sulla terra non è altro che un simbolo eterno incarnato nella polvere."

(Gustav Meyrink)

"Di nulla l'uomo è tanto certo come di essere sveglio; in realtà, è catturato da una rete di sonno e sogni che lui stesso ha tessuto. Più fitta è la rete, più potente domina il sonno; quelli che vi restano imprigionati sono i dormienti, che attraversano la vita come un branco di animali diretti al macello: ottusi, indifferenti e spensierati."

(Gustav Meyrink)

"Quando sul cammino del risveglio, attraverserai il regno degli spettri, a poco a poco ti accorgerai che essi sono soltanto pensieri divenuti improvvisamente visibili. Ecco perchè ti appaiono estranei e simili a creature, perchè il linguaggio delle forme è diverso da quello della mente. Allora sarà giunto il momento della trasformazione più straordinaria che ti possa capitare: gli uomini intorno a te si muteranno in fantasmi. Quelli che ti sono cari diverranno ombre da un istante all'altro, persino il tuo stesso corpo. È la peggior solitudine che si possa immaginare, come un pellegrinaggio nel deserto: chi non riesce a trovare la fonte della vita muore di sete. Il difficile sta nell'evocare lo spirito che deve guidare il nostro destino; Egli ascolta solo la voce di chi è maturo, ma il grido deve nascere dall'amore, e per amore di un altro, altrimenti non facciamo che risvegliare in noi le forze delle tenebre. Gli ebrei della Cabala dicono: "Le creature del buio regno di OB raccolgono le preghiere che non hanno ali" e con ciò intendono non i demoni che sono fuori di noi, perchè da questi ci difende la muraglia del nostro corpo, ma certi magici veleni dentro di noi che, risvegliati, scindono il nostro Io. Solo quando avrai estirpato dal tuo corpo l'elemento putrescente potrai dire: "Ora il sonno mi ha abbandonato per sempre". Allora, non prima, riuscirai a distinguere il reale dall'apparente; fino a quel momento resterà incerto se sei l'essere più fortunato o il più disgraziato della terra. Ma non temere: nessuno che abbia intrapreso la via del risveglio, anche se si è smarrito, è stato mai abbandonato dalle sue guide. Voglio rivelarti un sistema per capire se un'apparizione è reale o illusoria: se quando ti si presenta, la tua coscienza è offuscata e le cose attorno a te si confondono o scompaiono, allora non fidarti! Stà in guardia! Quel che vedi è una parte di te. Se non indovini quale metafora esso nasconda, allora è uno spettro inconsistente, un'ombra, un ladro che si nutre della tua vita. I ladri che rubano la forza dell'anima sono peggiori di quelli comuni. Ti attirano come fuochi fatui nelle paludi di un'illusoria speranza per lasciarti da solo nelle tenebre, e sparire per sempre. Sappi che le straordinarie forze che essi posseggono sono le tue, quelle che ti hanno carpito per tenerti in schiavitù. Non possono vivere al di fuori della tua vita, ma se li sottometti si ridurranno a muti e docili strumenti che potrai usare a tuo piacimento. L'umanità si è costruita inconsapevolmente un muro contro di loro: il materialismo. Tale muro è una protezione infallibile, è un simbolo del corpo, e contemporaneamente è il muro di una prigione che impedisce la visuale. Oggi che esso si sta lentamente sgretolando e la Fenice della vita interiore risorge con nuovo impeto dalle ceneri dove a lungo giacque come morta, ebbene oggi anche gli avvoltoi di un altro mondo agitano le ali. Perciò stà in guardia! Solo dalla bilancia su cui porrai la tua coscienza potrai capire se fidarti di un'apparizione: quanto più la tua coscienza sarà desta, tanto più il piatto penderà dalla tua parte."

(Gustav Meyrink – Il Volto Verde)

"Gli scienziati più illuminati si avvicinano alle posizioni dei filosofi indù e degli occultisti occidentali, ammettendo e insegnando che l'universo è vivo e possiede una sua mente. Rifletteteci e vedrete come la natura sia Una nella sua essenza e come sia viva e pregna di energia mentale. Secondo l'antica sapienza indù, non vi è che l'Uno e questo Uno è Spirito. Nella mente infinita di questo Unico Spirito si sviluppò l'immagine mentale o forma-pensiero di questo Universo. Cominciando dal pensiero del principio della mente, passando poi al principio dell'energia e poi a quello della materia, si compì il processo involutivo della creazione. Poi iniziò il processo evolutivo e si formarono i centri individuali o unità. Spazio, tempo e leggi non sono che immagini mentali in quella mente, come lo sono tutte le forme, le figure e i fenomeni. La sola cosa reale dell'uomo è lo Spirito compreso nella forma-pensiero: il resto è pura personalità che cambia e cessa di essere. Mano a mano che eliminiamo gli involucri che ci limitano, ci avviciniamo sempre più allo Spirito che è in noi e che pervade tutte le cose. Nulla può danneggiarci, poichè il nostro vero Sè è il vero Sè della mente infinita. L'Assoluto non può "pensare" alle cose senza mettere se stesso in esse come sua essenza, allo stesso modo in cui le immagini mentali di un uomo non soltanto sono nella sua mente, ma la sua mente è in esse. Ad esempio, quando Otello, Iago e Amleto vennero alla luce come personaggi, esistevano solo nella mente dell'autore, Shakespeare, il quale, a sua volta, esisteva in ognuno di essi, in quanto dava loro vita, spirito e capacità d'agire. Il personaggio potrebbe infatti dire: "Lo spirito del mio creatore è in me, pur tuttavia io non sono in lui". Quant'è diverso tutto questo dalla sciocca saccenza di certi mezzi saggi che proclamano "Io sono Dio!". Sebbene il Tutto sia anche nel verme della terra, si è ben lungi dall'affermare che un verme sia il Tutto. La più grande soddisfazione che si possa avere è quella di riconoscere che siamo nella mente dell'Essere Infinito. Da qui viene la consapevolezza che in questa vita non vi può essere la morte. L'uomo s'innalzerà sulla scala spirituale della vita quanto più riconoscerà lo spirito immanente nel suo essere. Evoluzione spirituale non significa "crescita dello spirito" poichè lo spirito non può crescere, essendo già perfetto, ma sviluppo della mente individuale affinchè possa riconoscere lo spirito dentro di sè."

(William Walker Atkinson)


"L'unica realtà è lo Spirito che risiede all'interno di ognuno di noi. Quando l'essere umano prende coscienza di chi veramente è e dell'illusione che lo circonda, perviene ad uno stato di pace. E anche se le circostanze della vita lo pongono nel cuore della mischia, pur essendo in essa egli non vi appartiene. Mentre una parte della sua natura gioca il ruolo assegnatole, il suo sè più alto si innalza al di sopra dei tumulti e ne sorride con serenità."

(William Walker Atkinson)


"Il mondo degli uomini è così immerso nella materialità che essi considerano "reale" solo ciò che si trova sul piano materiale. Poveri mortali, non si rendono conto che, alla fine, niente può essere meno reale, più vicino al sogno, più transitorio e fantomatico di questo mondo di sostanza materiale. Non vedono che in esso nulla è permanente, che la stessa mente non è abbastanza rapida per afferrare un lampo della realtà, perchè prima che abbia colto un fatto materiale, questo si è già trasformato. In verità la materia acceca lo sguardo dell'uomo, così che egli vede il reale come irreale e viceversa. Più l'anima si eleva lungo la scala dell'esistenza, più reali diventano le sue esperienze; più scende verso la materia, più le sue esperienze diventano irreali. Quando la natura delle cose terrene viene compresa, queste perdono ogni presa sull'anima umana. Quando comprende l'illusoria natura dell'universo dei fenomeni e si rende conto che il mondo spirituale è l'unico reale, allora i legami della vita materiale si allentano, e l'anima inizia la lotta contro le sue limitazioni."

(William Walker Atkinson)


"L'uomo è un animale imitativo. La facoltà di imitazione, che rappresenta una parte così importante nella vita dei nostri cugini, le scimmie, è molto pronunciata anche nella razza umana. Molte delle persone che si offenderebbero a un simile paragone, provano un desiderio costante di imitare e seguire le azioni, i pensieri e l'aspetto di coloro che li circondano. Una spiccata individualità è molto più rara di quello che generalmente si crede. Infatti, chi mostra di avere un gusto e un modo di agire individuale, viene considerato dalla maggioranza un "eccentrico" che si evita perchè "fuori dell'ordinario", a meno che non sia abbastanza forte da imporre le sue idee alla folla, che finirà per imitarlo. Viviamo in un'era di imitazione, malgrado la nostra pretesa d'individualità. La società attuale richiede che si indossi lo stesso tipo di abito, che si adotti lo stesso cappello, lo stesso modo di portare i capelli e l'identico colore della cravatta, se non si vuole essere considerati degli "eccentrici". Le idee, come gli abiti, hanno la loro moda. Filosofie, teorie, scuole di pensiero e sistemi religiosi, vengono accettati perchè sono di moda. Perfino i nostri pensieri e le nostre opinioni sono, in gran parte, il risultato dei pensieri e delle opinioni altrui che noi accettiamo."

(William Atkinson – Suggestione e Autosuggestione)

"Vi è un "Qualche cosa interiormente" in tutti noi, che è il Re e il Signore di qualsiasi altra parte del nostro essere. Che questo "Qualche cosa interiore" sia denominato anima, volontà, ego, o in altri modi, non cambia il fatto che questa parte del Sè è il Sovrano e il Dominatore. A seconda della misura della manifestazione del potere di questo Sovrano, corrisponde il grado dell'Individualità. La maggioranza non sa di possedere questo Sè Sovrano e così cede senza resistenza all'ambiente e alle influenze esterne. Quando questo Sè Sovrano sale sul suo trono mentale, affermando il proprio diritto e il proprio potere di governo, l'uomo diventa padrone di se stesso, invece di essere uno schiavo delle circostanze, dell'ambiente o delle influenze altrui."

(William Atkinson)


"Il mondo intero aspira alla libertà, eppure ogni creatura è innamorata delle proprie catene.
Questo è il primo paradosso e l'inestricabile nodo della nostra natura."

(Sri Aurobindo)


"Il rifiuto assurdo della verità è naturale nell'uomo. L'uomo non vuole essere, ma apparire. Non vuole vedere ciò che è, cerca solo di prendersi per il personaggio che gli altri vedono in lui."

(Svami Prajnanapada)

"La mente intelligente è una mente curiosa: non è soddisfatta delle spiegazioni né dalle conclusioni, e non si abbandona alla fede, perché anche la fede è una forma di conclusione."

(Bruce Lee)


"Più poveri siamo interiormente, più cerchiamo di arricchirci esteriormente."

(Bruce Lee)


"Un uomo trovò un uovo d'aquila e lo mise nel nido di una chioccia. L'uovo si schiuse contemporaneamente a quelli della covata e l'aquilotto crebbe insieme ai pulcini. Per tutta la vita l'aquilotto fece quel che facevano i polli nel cortile, pensando di essere uno di loro. Frugava il terreno in cerca di vermi e insetti, chiocciava e schiamazzava, scuoteva le ali alzandosi da terra di qualche decimetro. Trascorsero gli anni e l'aquila divenne molto vecchia. Un giorno vide sopra di sé, nel cielo sgombro di nubi, uno splendido uccello che planava, maestoso ed elegante, in mezzo alle forti correnti d'aria, muovendo appena le robuste ali dorate. La vecchia aquila alzò lo sguardo, stupita. "Chi è quello?", chiese. "È l'aquila, il re degli uccelli", rispose il suo vicino. "Appartiene al cielo. Noi invece apparteniamo alla terra, perché siamo polli". E così l'aquila visse e morì come un pollo, perché pensava di essere tale."

(Anthony de Mello)

"Quando tutti pensano allo stesso modo, è perchè nessuno sta pensando."

(Walter Lippman)


"Se riesci a sognare senza che i sogni diventino il tuo padrone;
se riesci a pensare e a non fare dei tuoi pensieri il tuo scopo,
se riesci ad affrontare il Trionfo e la Sconfitta
e a trattare questi due impostori allo stesso modo;
se riesci a sopportare di sentire la verità che hai detto
distorta da bricconi per abbindolare gli sciocchi,
o a vedere le cose a cui tu hai dedicato la vita, rotte,
e a chinarti e ricostruirle con arnesi logori;
Se riesci a parlare alla folla e a mantenere la tua integrità,
a camminare con i Re senza perdere il contatto con la gente,
se nè i nemici nè gli amici più cari possono ferirti,
se tutti contano per te, ma nessuno troppo;
se riesci a riempire un implacabile minuto
con sessanta secondi degni di essere vissuti,
tua è la Terra e tutto quello che è in essa,
e, quel che più conta, tu sei un Uomo, figlio mio."

(Rudyard Kipling)


"La Divinità in ognuno di noi è l'unica parte reale della nostra esistenza, e tutto il resto é solo al suo servizio."

(H. Spencer Lewis)

"Stiamo tutti scontando una condanna a vita nella segreta
dell'io."

(Cyril Connolly)

"Gli esseri umani vivono in un perenne stato di sogno.
Sognano quando il cervello dorme, ma anche quando è sveglio.
Hanno saputo creare un grande sogno esteriore, il "sogno della
società", costituito da innumerevoli sogni personali, familiari e
di comunità. Questo sogno esteriore possiede una grande
quantità di regole che sono state inculcate fin dalla nascita.
Abbiamo così imparato come comportarci in una data società,
cosa credere, cosa è bene e cosa è male, bello o brutto, giusto o
sbagliato. Non abbiamo scelto queste credenze e queste regole,
ci siamo nati e le abbiamo apprese secondo un processo di
"addomesticamento" in cui le informazioni sono passate dal
sogno esteriore a quello interiore, andando a formare il nostro
sistema di credenze. A questo punto non c'è più bisogno di
"istruttori" esterni, giacché diventiamo noi stessi i nostri
giudici. Tutto ciò che crediamo su noi stessi e sul mondo
rientra in quel sogno interiore, che tuttavia ci è giunto
dall'esterno e che ci impedisce di vederci per come siamo
veramente."

(Don Miguel Ruiz)

"Se vogliamo scoprire ciò che è vero, dobbiamo essere
completamente liberi da tutte le religioni, da tutti i
condizionamenti, da tutti i dogmi, da tutte le credenze e da
qualunque autorità che spinga a uniformarci; il che significa,
essenzialmente, essere completamente soli e questo è molto
difficile. Non è un passatempo da domenica mattina, in cui fate

una bella gita e vi sedete sotto gli alberi per ascoltare qualche sciocchezza. Il nostro problema è come liberare la mente da tutti i condizionamenti, non come condizionarla meglio. Capite? La maggior parte di noi è alla ricerca di condizionamenti migliori. Solo una mente libera può scoprire la verità, la realtà, che è al di la delle proiezioni mentali. Quindi è importante conoscere se stessi. La conoscenza di sè è l'inizio della saggezza. Conoscere noi stessi significa osservare che cosa pensiamo, che cosa sentiamo, non solo superficialmente, ma con la profonda consapevolezza di ciò che è, senza condanna, senza giudizio, senza valutazione nè comparazione. Provate e vedrete la straordinaria difficoltà per una mente abituata da secoli a paragonare, condannare, giudicare e valutare, fermare questo intero processo e osservare semplicemente ciò che è. L'importante è comprendere da soli, non attraverso la guida di altri, il contenuto totale della coscienza, che è condizionata, che è il prodotto della società, della religione, di vari influssi, impressioni, ricordi, comprendere tutti questi condizionamenti ed esserne liberi. Sto dicendo di conoscervi sempre più in profondità, vedervi come realmente siete, cosa che nessuno può insegnarvi; e non potete vedervi come siete realmente se siete legati da convinzioni, dogmi, superstizioni e paure."

(Jiddu Krishnamurti)

"Ogni possibile filosofia, ogni possibile concezione teologica, altro non è che evasione dall'effettiva realtà di quel che è. Non esiste guida, maestro, autorità. Ci siete soltanto voi e i vostri rapporti con gli altri e col mondo; non c'è altro. Ciò che conta non è una filosofia di vita, ma l'osservare quel che realmente accade nella nostra vita quotidiana, dentro e fuori di noi. Se esaminate molto attentamente quanto accade e lo studiate, vi accorgerete che poggia su una concezione intellettuale, e l'intelletto non è l'intero campo dell'esistenza; ne è un frammento, e un frammento per quanto abilmente costruito, per quanto antico e tradizionale, è tuttavia una piccola parte dell'esistenza, mentre noi dobbiamo avere a che fare con la totalità della vita. Essere liberi da qualsiasi autorità, vostra o di qualcun altro, vuol dire morire a tutto ciò che appartiene allo ieri, dimodoché la vostra mente sia sempre fresca, sempre giovane, innocente, piena di vigore ed entusiasmo. È solamente in un simile stato che si impara e si osserva. Non c'è bisogno di nessuno che vi dica come guardare. Guardate e basta."

(Jiddu Krishnamurti)

"Restare nella norma non indica necessariamente equilibrio. La norma stessa può essere il prodotto di una civiltà squilibrata. Non è un segno di buona salute mentale essere bene adattati a una società malata. Siamo meschini, gelosi, vani, avidi, quello è ciò che creiamo attorno a noi, quello è la società in cui viviamo. La sola rivoluzione che può cambiare il mondo è una rivoluzione nell'individuo, nelle sue attitudini e nella sua condotta rispetto alle sue relazioni, non soltanto con le altre persone, ma anche con le cose, con la natura e con le idee."

(Jiddu Krishnamurti)

"Ogni guru è una trappola. Ogni leader è un tiranno. Ogni maestro confonde. La malattia del secolo si chiama "dipendenza". È ridotta a una debole luce il contatto con la propria anima. Se fossimo in contatto con il nostro cuore profondo, cioè il luogo reale dello spirito, non accetteremmo nessun leader, nessun maestro, nessun guru. Saremmo indipendenti. Svegli. Vigili. Autonomi e non automi."

(J. Krishnamurti)

"Tu non sei nulla. Puoi avere nome e titolo, proprietà e conto in banca, puoi essere potente e famoso; ma nonostante tutte queste salvaguardie, tu non sei nulla. Puoi essere del tutto inconsapevole di questa vacuità, di questo nulla, o puoi semplicemente non volerne essere consapevole; ma quel vuoto c'è, qualunque cosa tu faccia per evitarlo. Tu e il nulla siete una sola cosa, un fenomeno unico, non due processi separati. Se tu, il pensatore, ne hai paura e lo avvicini come qualcosa di contrario e opposto a te, allora ogni azione che tu possa intraprendere verso di esso porterà inevitabilmente all'illusione e così ad ulteriore conflitto e dolore. Quando ci sia la scoperta, la sperimentazione di quel nulla che si riassume in te, allora la paura si dissolve completamente. Soltanto allora è possibile alla mente essere tranquilla; e in questa tranquillità, la verità viene in essere."

(J. Krishnamurti)


"Una mente che pensa per linee tradizionali non può scoprire ciò che è nuovo. Uniformandoci al mondo che ci circonda diventiamo mediocri imitatori, rotelle di una macchina sociale spietata. Ciò che importa è ciò che pensiamo noi, non quello che gli altri vogliono che pensiamo. Quando ci uniformiamo a una tradizione, diventiamo in breve tempo semplici copie di quello che dovremmo essere. Se l'uomo non ha una visione interiore, il potere e la posizione esteriori assumono una grande importanza, e l'individuo è sempre più soggetto all'autorità e alla coercizione, diventa uno strumento degli altri."

(J. Krishnamurti)

"La vera rivoluzione nasce dall'interno. Avviene quando comprendete i vostri rapporti, le vostre attività quotidiane, il vostro modo di agire, il modo in cui pensate, il modo in cui parlate, l'atteggiamento verso i vostri vicini, vostra madre, i vostri figli, l'insegnante e il cameriere; dovete essere consci di come considerate quelli che stanno più in alto e quelli che stanno più in basso di voi, quelli che rispettate e quelli che disprezzate. Senza la comprensione di voi stessi, qualunque cosa facciate, per quanto lontano scappiate, produrrà soltanto più sofferenza, più guerre e più distruzione."

(J. Krishnamurti)


"Per scendere profondamente in voi stessi occorre certamente mettere da parte tutte le spiegazioni, tutte le conclusioni riguardo a voi stessi, tutte le conoscenze che avete acquisito riguardo all'io. Solo una mente libera è capace di indagare, non una mente impastoiata in qualche conclusione, credenza o dogma. Se fortunatamente o sfortunatamente per voi, avete sentito qualcosa di vero, ma vi limitate a sentirlo senza venire spinti attivamente a liberare la mente da tutto ciò che la rende ristretta e distorta, la verità che avete sentito diventerà un veleno. La verità diventa un veleno se viene sentita ma non agisce sulla mente, come una ferita che si infetta. Invece, scoprire da voi ciò che è vero e ciò che è falso, e vedere la verità dietro il falso, significa lasciare che la verità agisca e produca da sè la sua azione."

(J. Krishnamurti)

"Siamo tutti scontenti, non è vero? Del lavoro, dei rapporti, di quello che facciamo. Vogliamo che avvenga qualcosa, cambiare, superare, andare al di là. Ma non sappiamo bene di cosa si tratta. C'è una ricerca, un continuo interrogarsi, soprattutto quando siamo giovani, aperti, sensibili. Poi, invecchiando, sedimentiamo nelle nostre abitudini, nel lavoro, nella sicurezza della famiglia, nella certezza di nostra moglie. Quella fiamma straordinaria scompare e diventiamo rispettabili, meschini e irriflessivi. Vivere in una cella ventiquattro ore al giorno e di tanto in tanto uscire nel cortile della prigione per fare due passi, non è libertà. Come esseri umani che vivono in questa società, con tutta la sua confusione, sofferenza, conflitto e strazio, chiediamo libertà; questa richiesta di libertà è una cosa normale, salutare. Da giovani siamo scontenti, insoddisfatti delle cose come stanno, della stupidità dei valori tradizionali; poi, crescendo, ricadiamo a poco a poco nei vecchi modelli imposti dalla società e ci perdiamo. È molto difficile conservare la pura scontentezza, la scontentezza che dice: così non va, deve esserci qualcos'altro. Tutti conosciamo questa sensazione, la sensazione di un "qualcos'altro", e proprio questo è l'inizio della vera spinta a essere liberi da tutti gli influssi politici, religiosi e tradizionali, per aprirci un varco in questo muro."

(J. Krishnamurti)


"L'uomo è sempre dipeso da qualcuno che gli mostrasse la via: un guru, una religione, un libro. Ma la Verità è una terra senza sentieri e nessun guru, nessun credo o libro vi ci può condurre. Dobbiamo essere luce a noi stessi, senza cercarla da qualcun altro. Il ruolo del guru è solo quello di indicare, è l'individuo stesso che deve imparare. In questo campo, nessuno può veramente insegnare qualcosa a un altro. Ciascuno deve incontrare la verità da se stesso, cominciando con il conoscere se stesso."

(Jiddu Krishnamurti)

"Solo la mente innocente, che è passata attraverso infinite esperienze senza rimanere prigioniera della conoscenza, può scoprire qualcosa che è ben di più del cervello e della mente stessa. Se la vostra mente è condizionata dall'esperienza e dalla conoscenza, quello che scoprirete sarà sempre tinto con i colori di quello che avete sperimentato."

(Jiddu Krishnamurti)

"La verità nessuno può darvela: dovete scoprirla; e per scoprirla, deve esistere in voi uno stato mentale di percezione diretta. La comprensione nasce dall'esser consapevoli di ciò che è. Conoscere esattamente cio che è, il reale, il concreto, senza interpretarlo, senza condannarlo o giustificarlo, è sicuramente l'inizio della saggezza. Soltanto quando cominciamo ad interpretare, a tradurre secondo il nostro condizionamento ed il nostro pregiudizio, soltanto allora manchiamo la verità. Le nostre menti sono tanto gremite di nozioni infinite sui fatti, di quanti altri hanno detto, che siamo ormai incapaci di essere semplici e di avere noi stessi esperienze dirette."

(J. Krishnamurti)

"Il mondo è forse diverso da voi? La struttura della società non è forse opera di gente come voi e come me? Per apportare un mutamento radicale in questa struttura dobbiamo trasformarci completamente. Come può esserci una profonda rivoluzione di valori se essa non comincia da noi? Per alleviare la crisi attuale, si deve proprio cercare una nuova ideologia, un nuovo piano economico? O si dovrà invece cominciare a comprendere il conflitto e la confusione all'interno di ognuno di noi, conflitto e confusione che, nella loro proiezione, sono il mondo?"

(J. Krishnamurti)

"Il rapporto tra gli esseri umani si basa sulla formazione di immagini. In tutti i rapporti ciascuno di noi si crea una immagine dell'altro e il rapporto si ha tra queste due immagini, e non tra gli esseri umani. La moglie si costruisce una immagine del marito – forse non consciamente, ma tuttavia succede – e il marito si è creato una immagine della moglie. Si hanno immagini del proprio paese o di qualcuno, e le andiamo sempre più consolidando con l'aggiungerne altre. Ed è tra queste immagini che intercorre il rapporto. Quando si ha questo processo di formazione di immagini, il reale rapporto tra due o più esseri umani ha completamente fine. Il rapporto basato sulle immagini non può mai naturalmente assicurare la pace poiché le immagini sono fittizie e non si può vivere nell'astrazione. E tuttavia questo è ciò che noi tutti facciamo: vivere tra idee, teorie, simboli, immagini che ci siamo creati su noi e sugli altri e che non sono affatto realtà. Tutti i nostri rapporti sono in realtà immaginari, cioè basati su una immagine creata dal pensiero. Se io mi sono creato una immagine su di voi e voi una su di me, naturalmente non ci vediamo l'un l'altro come in realtà siamo. Quello che vediamo sono le immagini che ci siamo creati l'uno dell'altro che ci impediscono di entrare in contatto, e questo è il motivo per cui i nostri rapporti vanno male. Il conflitto sorgerà inevitabilmente fin quando ci sarà divisione tra "ciò che dovrebbe essere" e "ciò che è". Solo quando vediamo senza preconcetti, senza immagini, allora siamo in grado di entrare in contatto diretto con qualsiasi cosa nella vita."

(Jiddu Krishnamurti)


"Ogni possibile filosofia, ogni possibile concezione teologica, altro non è che evasione dall'effettiva realtà di quel che è. Non esiste guida, maestro, autorità. Ci siete soltanto voi e i vostri rapporti con gli altri e col mondo; non c'è altro. Ciò che conta non è una filosofia di vita, ma l'osservare quel che realmente accade nella nostra vita quotidiana, dentro e fuori di noi. Se esaminate molto attentamente quanto accade e lo studiate, vi accorgerete che poggia su una concezione intellettuale, e l'intelletto non è l'intero campo dell'esistenza; ne è un frammento, e un frammento per quanto abilmente costruito, per quanto antico e tradizionale, è tuttavia una piccola parte dell'esistenza, mentre noi dobbiamo avere a che fare con la totalità della vita. Essere liberi da qualsiasi autorità, vostra o di qualcun altro, vuol dire morire a tutto ciò che appartiene allo ieri, dimodoché la vostra mente sia sempre fresca, sempre giovane, innocente, piena di vigore ed entusiasmo. È solamente in un simile stato che si impara e si osserva. Non c'è bisogno di nessuno che vi dica come guardare. Guardate e basta."

(Jiddu Krishnamurti)

"La religione, la politica, la società vi sfruttano e voi ne siete condizionati: venite spinti in una certa direzione. Non siete esseri umani; siete ingranaggi di una macchina. Soffrite pazientemente, sottomettendovi alla crudeltà dell'ambiente, quando voi, individualmente, avete la possibilità di cambiarlo. Siete consapevoli di essere condizionati? È questa la prima cosa da chiedersi, e non come liberarsi del condizionamento. Dovete mettere in dubbio tutto ciò che l'uomo ha accettato come prezioso, necessario. Per secoli siamo stati condizionati da nazionalità, casta, ceto, tradizione, religione, lingua, educazione, letteratura, arte, costumi, consuetudini, propaganda di ogni tipo, pressioni economiche, dal cibo che mangiamo, dal clima in cui viviamo, dalla nostra famiglia, i nostri amici, le nostre esperienze ogni forma di influenza che vi viene in mente e di conseguenza le nostre reazioni ad ogni problema sono condizionate. Molti di noi camminano nella vita disattenti, reagendo senza pensare, in conformità con l'ambiente in cui sono cresciuti, e simili reazioni generano solamente ulteriore schiavitù, ulteriore condizionamento, ma nel momento in cui presterete totale attenzione al vostro condizionamento vedrete che siete completamente liberi dal passato, che esso se ne scorre via naturalmente."

(Jiddu Krishnamurti)


"Quando si perde il profondo rapporto intimo con la natura, templi, moschee e chiese diventano importanti."

(Jiddu Krishnamurti)

"Ogni guru è una trappola. Ogni leader è un tiranno. Ogni maestro confonde. La malattia del secolo si chiama "dipendenza". È ridotta a una debole luce il contatto con la propria anima. Se fossimo in contatto con il nostro cuore profondo, cioè il luogo reale dello spirito, non accetteremmo nessun leader, nessun maestro, nessun guru. Saremmo indipendenti. Svegli. Vigili. Autonomi e non automi."

(J. Krishnamurti)


"Prima di essere contaminati dalla cosiddetta educazione, molti bambini sono in contatto con l'inconoscibile: e lo dimostrano in tanti modi. Ma presto l'ambiente incomincia a richiudersi su di loro, e crescendo sono destinati a perdere quella luce, quella bellezza che non si trova in nessun libro e non si impara in nessuna scuola. Una mente ben disciplinata non è una mente libera, ed è soltanto nella libertà che si può fare qualche scoperta. Quando la mente, sede dell'io, assume il controllo, offusca la luce, lo splendore e la meraviglia della realtà. Solo quando la mente si troverà in uno stato di assoluto silenzio ci sarà quella libertà attraverso cui il reale potrà finalmente essere e rivelarsi."

(J. Krishnamurti)


"Il vaso contiene l'acqua ed è l'acqua che dovete bere, non serve a nulla adorare il vaso; purtroppo invece l'umanità tende ad adorare il vaso e a dimenticare l'acqua."

(J. Krishnamurti)

"La mente si identifica con quello in cui crede; allora, quando smette di identificarsi, perché non ha nulla in cui credere, può guardare se stessa per quello che è. E questo, sicuramente, è l'inizio della comprensione di sé."

(J. Krishnamurti)


"Nel momento in cui seguite qualcuno, cessate di seguire la verità."

(J. Krishnamurti)


"Facciamo sempre paragoni tra quello che siamo e quello che dovremmo essere e questo continuo paragonarci a qualcosa o a qualcuno è la causa primaria dei nostri conflitti. Perchè vi paragonate ad altri? Se non vi paragonate a nessuno sarete quel che realmente siete."

(Jiddu Krishnamurti)


"Quando cercate un'autorità che vi conduca alla spiritualità, siete automaticamente costretti a costruirvi intorno un'organizzazione. E creando quell'organizzazione, che pensate vi possa aiutare spiritualmente, vi rinchiudete in una gabbia. Voi pensate che solo certe persone abbiano la chiave del regno della felicità. Nessuno ce l'ha, nessuno ha l'autorità di tenere quella chiave. Quella chiave siete voi stessi e soltanto nell'evoluzione, nella purificazione e nell'incorruttibilità di quel sé, c'è il regno dell'eternità. E per quelli che sono deboli, non ci può essere nessuna organizzazione che li aiuti a trovare la verità, perché la verità è in ciascuno di noi; non è lontana, non è vicina, è eternamente qui. Coloro che realmente desiderano comprendere, che vogliono trovare ciò che è eterno, senza principio né fine, cammineranno insieme con maggior intensità e saranno un pericolo per tutto ciò che non è essenziale, che non è reale, per ciò che è in ombra. E queste persone si concentreranno, diventeranno la fiamma, perché esse comprendono."

(J. Krishnamurti)


"Quando ti definisci Indiano, Musulmano, Cristiano o Europeo, o qualsiasi altra cosa, tu diventi violento. Ci arrivi da solo al perché? Perché ti stai separando dal resto dell'umanità. Quando ti definisci, in base ad un credo, una cultura, una nazionalità, una tradizione, quest'azione traspira violenza. Così un uomo che cerca di comprendere la violenza non dovrebbe appartenere a nessuna nazione, religione, schieramento politico o parte di un sistema; egli dovrebbe comprendere che è parte del totale dell'umanità."

(J. Krishnamurti)


"Se vi saranno anche solo cinque persone che vogliono ascoltare, che vogliono vivere con il viso rivolto all'eternità, mi sarà sufficiente. A che cosa serve avere migliaia di persone imbalsamate nei loro pregiudizi, che non desiderano il nuovo, ma che traducono il nuovo per adattarlo ai loro sterili, stagnanti io?"

(J. Krishnamurti)

"La congiura degli stolti, dei ciarlatani e dei Saggi è riuscita perfettamente. Questa congiura si era proposta di nascondere la verità. Tanto gli uni, quanto gli altri, hanno servito una grande causa, ognuno secondo le proprie possibilità: gli stolti per mezzo dell'ignoranza, i ciarlatani per mezzo della menzogna, i Sapienti per mezzo del Segreto. Gli stolti non vogliono che si scopra la verità. Sospettano, per istinto, che li disturberebbe. Se la si mostrasse loro, non vorrebbero guardarla; se la si desse loro in mano, la lascerebbero cadere; se la si mettesse loro in faccia, urlerebbero d'orrore e fuggirebbero a nascondersi sotto terra. I ciarlatani non vogliono che si scopra la verità, perché rovinerebbe i loro guadagni, impedirebbe il loro profitto, evidenzierebbe le loro vergogne. I Saggi che possiedono la verità non vogliono che si scopra, l'hanno sempre nascosta per scrupolo. Avendo i Saggi nascosto la loro scienza, i ciarlatani ne hanno approfittato per nascondere la loro ignoranza sotto gli stessi segni misteriosi. Gli stolti li hanno confusi sovente, credendo tanto agli uni, quanto agli altri. Ma adesso è sorta, a metà strada fra i ciarlatani e gli stolti, una nuova specie che assicura il trionfo definitivo della congiura. La nuova specie è quella degli universitari e degli scienziati ufficiali. Questi, il giorno della loro venuta, hanno dichiarato nullo e non avvenuto il mistero filosofale. Chimera, la ricerca degli antichi Maestri, gioco infantile la loro scienza, e astuzia grossolana la loro arte. Gli stolti, educati dai nuovi sapienti, hanno di nuovo confuso i Saggi con i ciarlatani, ma questa volta, per non credere né agli uni, né agli altri. Non credono più che alla scienza dei nuovi arrivati, i quali insegnano che la verità è nella loro scienza e che tutto ciò che essi non possono né scoprire, né dimostrare non esiste. Ordunque, questi ultimi non hanno insegnato niente, né scoperto niente; niente a proposito della vita e della morte, del peccato e del giudizio, a proposito dell'amore, del dolore e della redenzione, a proposito della condotta dell'uomo e del destino dell'anima in quanto al senso, l'essenza e la salvezza.

Man mano che scoprono delle nuove nebulose o nuovi elettroni, nuove vitamine o nuovi esplosivi, si allontanano e ci sviano dall'essenziale. Ed ora la verità è così ben nascosta che non la si cerca più. Sarebbe completamente perduta, se non sopravvivesse in qualche essere, semplice di spirito, per il quale la verità esiste ancora."

(Lanza del Vasto)


"I dogmatici sono abituati a dividere l'umanità in due parti: quelli che hanno ragione e quelli che hanno torto. Nella prima, naturalmente, si collocano essi stessi, mentre tutto il rimanente è messo dalla parte contraria. È un concetto primitivo e barbaro proprio di chi ha una concezione primitiva e ristretta della vita. Ma la vita è ben altra cosa."

(Amadeus Voldben)


"Io mi preoccupo della verità, non della legge: e la verità è che voi vivete una vita squilibrata, innaturale. L'Oriente è rimasto monco a causa dei cosiddetti "spiritualisti". È rimasto povero, privo di scienza e tecnologia, privo di industrie. È diventato letargico, immerso nella povertà e nella pigrizia; ha perso ogni gioia di vivere, perchè: "È solo un sogno, perchè preoccuparsi?". La gente è affamata, malata, povera, ma: "Si tratta solo di un'illusione. Stiamo solo sognando di avere fame, di fatto non ne abbiamo!". E l'Occidente ha scelto il materialismo, per cui è ricco di tecnologia, le case sono splendide, le strade, le macchine, gli aerei sono magnifici, ma l'uomo si sente vuoto e privo di significato alcuno. La gente si limita a correre, qualsiasi cosa faccia. Ho visto gente afferrare la propria borsa, riempirla di carte, baciare la moglie (senza rendersi conto se è la loro o quella di qualcun altro) e dare un "ciao" sfuggente ai bambini… questo non è vivere! E dove arriverai mai, correndo così? La fretta è la norma! La velocità è una mania: si va sempre più in fretta. E nessuno si preoccupa di sapere dove stia andando, si deve andare di corsa… e si inventano macchine sempre più veloci. Milioni di persone hanno la stessa macchina, vivono la stessa vita, vedono gli stessi film, gli stessi spettacoli, gli stessi programmi televisivi, leggono lo stesso giornale… non sembra esistere nulla di diverso da fare, da poter essere. Milioni di persone passano il tempo a giocare a carte, a guardare partite di calcio, senza essere consapevoli di ciò che fanno. Se glielo chiedi, ti diranno che stanno "ammazzando il tempo". Fantastico! Ma mentre tu credi di star ammazzando il tempo, in realtà è lui che sta uccidendo te! Senza una spiritualità non esiste un centro, l'uomo si disgrega: l'uomo occidentale è parziale. Il mio sforzo è creare un uomo integro. Per me il solo uomo "santo" è l'uomo integro."

(Osho)


"La civiltà ha fallito perchè si è messa contro la Natura. L'uomo ha tentato di conquistarla; il che è assolutamente ridicolo. Siamo parte della natura! Come possiamo conquistarla? È come combattere contro noi stessi. È così stupido e suicida, che le generazioni future non riusciranno a credere che l'umanità abbia potuto commettere un tale crimine."

(Osho)

"L'uomo non è altro che una ferita profonda che non si sa come guarire. Ognuno cerca di nascondere la propria ferita. Sorridi per nascondere le tue lacrime e cerchi di dimostrare agli altri che tutto va per il verso giusto. Ma tutti sanno che le cose non vanno affatto bene. Ognuno mostra una maschera che in realtà non gli appartiene. Nessuno vuole scoprirsi e svelare la propria sofferenza; tutti vogliono apparire felici e soddisfatti. Ma senza insoddisfazione non c'è progresso; senza insoddisfazione, non c'è crescita; senza insoddisfazione non c'è desiderio di raggiungere le stelle. La soddisfazione è per le anime meschine. Questo è ciò che vi hanno insegnato le religioni: va tutto bene; devi essere soddisfatto della tua vita. Anche se c'è un po' di sofferenza, è solo una prova della tua fede. Passa attraverso i momenti di sofferenza, ma non essere insoddisfatto: tutto va bene. A causa di questi insegnamenti, l'uomo è rimasto ritardato mentalmente. Hai bisogno di provare una divina insoddisfazione. Solo così può sorgere in te un anelito irresistibile a superare te stesso, a superare la tua cosiddetta conoscenza, la tua cosiddetta morale, la tua cosiddetta società. L'anima meschina si accontenta di quello che ha: una moglie, due o tre bambini, una casa, un negozio, di tanto in tanto un pic-nic e ogni domenica al cinema… questa è la vita per te, e ne sei soddisfatto; tutto va per il verso giusto. Ma secondo me questa non è vita. Stai ingannando te stesso. Il tuo potenziale è ben altro: puoi far sbocciare una miriade di fiori nel tuo essere, puoi dar nascita alle stelle. Hai solo bisogno che qualcuno ti stimoli, ti infiammi con un anelito così intenso che niente possa più soddisfarti. Anche se dio diventasse una tua proprietà, il vero ricercatore del divino chiederebbe: "E ora? Voglio superare anche dio. Dio non può essere la fine del viaggio". Soltanto un orizzonte lontano può aiutarti a crescere, ad elevarti. Devi essere profondamente insoddisfatto di tutte le trivialità. La gente si accontenta di tutto… certo, ci si sente sicuri, è più comodo essere simili ad uno stagno che ad un fiume; non c'è pericolo di smarrirsi in un deserto, non c'è pericolo di perdere il cammino, si è contenti di tutto. Ma lo stagno è morto, il fiume è vivo. Lo stagno continua a diventare sempre più sporco e fangoso, mentre il fiume rimane pulito. Il flusso delle sue acque lo mantiene fresco e limpido. L'uomo dev'essere come un fiume."

(Osho)


"Quelli che l'uomo ha considerato gioielli e ornamenti, non sono altro che le sue catene; quella che ha considerato la sua casa, non è altro che una prigione; quella che considera la sua famiglia, non lo aiuta a crescere, bensì lo rende un ritardato mentale. Quelle che secondo l'uomo sarebbero religioni – che in teoria dovrebbero aiutare l'uomo ad avvicinarsi a dio – sono l'unico ostacolo che gli impedisce di cercare dio. È un anelito divino che ti spinge a superare tutti questi ostacoli e a dirigerti verso il cielo ignoto, alla ricerca dell'Impossibile. Questa ricerca dell'Impossibile ti permette di trovare te stesso."

(Osho)


"Tu crei te stesso in ogni momento. Non sei nato come un'entità fissa, ma come potenzialità infinita."

(Osho)

"Dio è la più grande bugia mai inventata dall'uomo. Non esiste alcun creatore; la creazione in se stessa basta e avanza, non ha bisogno di un agente esterno che la crei. Nel momento in cui accetti un agente esterno, entri in un circolo vizioso. Perchè il ragionamento diventa: "Come può l'esistenza esistere senza essere stata creata da qualcuno?". Questo è il ragionamento di tutte le religioni. Se accetti il loro ragionamento poi nascerà la domanda: "Chi ha creato dio?". E se dio può esistere senza essere stato creato, allora che problema c'è? Anche l'esistenza può esistere senza essere stata creata. L'uomo si sente così impotente, ha così paura della morte, ed è così oberato dai problemi della vita... inoltre è stato allevato da un padre, da una madre, e quelli erano tempi meravigliosi; senza responsabilità, senza preoccupazioni, c'era qualcuno che si prendeva cura di lui. Quell'infanzia psicologica è proiettata in tutte le religioni; Dio diventa il padre, e ci sono alcune religioni in cui Dio diventa la madre. È soltanto una proiezione psicologica di un bambino. Non ha alcun fondamento nella realtà. Per cui, quando hai paura, quando sei in difficoltà, inizi a cercare aiuto. Quando dichiaro che Dio non esiste, questo non significa che bisogna saltare all'opposto, all'ateismo. Per gli atei negare Dio significa che il mondo è solo materia e nient'altro. Io affermo al tempo stesso che esiste un'essenza divina, e gli atei non concorderanno su questo punto. A me piace chiamarla "pura consapevolezza". Oppure se sei proprio affezionato alla parola "dio" chiamala "essenza divina". Ma non farne un nome, fanne una qualità. Perchè nel momento in cui ne fai un nome, lo uccidi, ne arresti la crescita; i nomi non crescono, solo i verbi crescono."

(Osho)

"Se parli e sei in contatto con la gente in continuazione, dimentichi il tuo volto originale, perchè sei costantemente costretto a indossare maschere. Parli per ventiquattr'ore, usando parole, e lentamente cominci a credere in loro, nel loro suono. Perchè le persone parlano? Per nascondersi dietro al rumore: non riescono a sopportare il silenzio, diventa intollerabile. Piuttosto parlano con se stesse, devono parlare: le parole le tengono in qualche modo aggrappate alla loro personalità; quando le parole scompaiono, cominciano a precipitare nell'impersonale e ne hanno un'estrema paura, un vero terrore. L'impersonale è la tua realtà; tu hai paura di quella realtà e ti aggrappi alle illusioni create dalle parole."

(Osho)


"Una certa oscurità è necessaria per vedere le stelle."

(Osho)


"Nel mondo, è semplicemente la stupidità a generare tanta infelicità: siamo costretti ad adeguarci a determinati modelli, ma questi modelli non hanno alcun rispetto per gli individui. Sono frutto della comprensione dell'individuo medio, ma la "media" è un concetto matematico che non ha nulla a che vedere con la vita. Provate a dare a tutti un paio di scarpe di misura "media": alcuni le porteranno in mano perchè sono troppo grandi, ad altri staranno talmente piccole che sembrerà loro di morire. Chiunque si prenda la responsabilità di dominare le persone si comporta molto disumanamente, perchè degrada gli esseri umani, li priva della loro unicità, abolisce ogni differenza: obbliga tutti a mettersi le scarpe della stessa misura. Nessuno riesce ad adattarsi. Tutti soffrono. Tutti i vostri principi di vita hanno questo effetto. Se non conosci la tua fonte di energia vitale, finisci inevitabilmente per seguire le regole del gruppo di persone tra le quali, per caso, ti sei trovato a vivere. Non fai altro che seguire le masse, ti limiti a fare tutto ciò che le masse considerano giusto. E poichè ti adegui al loro concetto di virtù, vieni considerato un santo. E se vuoi diventare un grande santo, devi adeguarti completamente al loro concetto di virtù. Le masse non permettono a nessun individuo di elevarsi; continueranno ad afferrarlo per le gambe e a riportarlo nella melma in cui loro stesse vivono. Il loro ego si sente ferito se qualcuno diventa un individuo. Le masse rispettano coloro che sacrificano la propria individualità, li considerano santi. E tutti quei santi sono soltanto ombre, cadaveri... non fanno altro, se non corrispondere le aspettative delle masse. Per mantenere la tua rispettabilità, fingi di credere in molte cose che tu stesso consideri inutili, stupide o addirittura pericolose. Un po' alla volta, appesantito dal fardello di tutti i comandamenti che ti vengono imposti dall'esterno, ti dimentichi completamente di avere il diritto di vivere la tua vita in armonia col tuo essere interiore. Cominci a vivere una vita artefatta, una pseudo-vita, che non può soddisfarti, non può renderti felice, non può arrecarti gioia, nè verità; una vita che finirà per distruggerti, per farti sprecare una grande opportunità che l'esistenza ti ha offerto. Forse nessuno vuole veramente cambiare. Per cambiare, occorre sforzarsi e l'uomo è uno scansafatiche. Cambiare, significa avventurarsi nell'ignoto, e l'uomo è un codardo, che sceglie di rimanere nella dimensione da lui conosciuta. Può anche essere fonte di infelicità, ma per lo meno è conosciuta. L'uomo non uscirà mai dai confini di ciò che conosce perchè, chissà? Ci si potrebbe perdere nell'ignoto. C'è il rischio di non poter più tornare a casa, di non ritrovare più la stessa infelicità, la stessa moglie, lo stesso marito, le stesse angosce e gli stessi problemi. Le masse sono talmente infelici che la loro vita non è altro che una morte lenta. Chi le difende, non rende un servizio all'umanità. Le masse hanno bisogno di individui che le prendano a martellate in testa, per aiutarle a ragionare un poco, di individui che distruggano tutte le loro superstizioni, affinchè possano cominciare a cercare la verità. Le masse vivono una vita insipida, tiepida, nè calda, nè fredda; una vita che non conosce eccessi. Cercano sempre la sicurezza, la via di mezzo. Ma chi si preoccupa troppo della sicurezza e della tranquillità non può essere un esploratore, un inventore. La conoscenza è un fiume sotterraneo; per questo è fredda. Bisogna saper uscire dalle acque tiepide, dalla propria vita insipida, che non è vita, nè morte, ma semplicemente un modo di vegetare, di mantenersi in vita. Dalla nascita alla morte, il tuo unico interesse è questo: come sopravvivere, come essere al sicuro, al riparo da ogni pericolo. Ma dove stai andando? Verso la tomba. Tutte le tue sicurezze ti portano verso la tomba. Prima di arrivare alla tomba, perchè non danzare, perchè non far festa e cantare col cuore traboccante di gioia? Vivi pericolosamente! La morte arriva per tutti, sia per chi vive pericolosamente, sia per chi vive tiepidamente. Esiste un'unica differenza: l'individuo che vive pericolosamente, che vive in modo totale, con intensità, arriva a conoscere la propria essenza immortale. Per costui arriverà il momento di entrare nella tomba ma la morte non arriverà mai. Invece, l'individuo che non ha mai vissuto totalmente, che non è mai entrato in profondità dentro se stesso, per paura del freddo… anche lui un giorno dovrà entrare nella tomba, ma senza aver conosciuto l'essenza immortale della vita. Morirà con le lacrime agli occhi, perchè non è riuscito a vivere la propria vita. Non ha mai vissuto e ora è arrivato il momento di morire. L'individuo che ha vissuto totalmente, sa festeggiare anche la propria morte, perchè per lui la morte è l'ultima sfida dell'Ignoto. Per tutta la vita ha accettato le sfide dell'Ignoto. Ora è pronto a dare il benvenuto alla morte, è pronto a entrare nella morte cantando e danzando, perchè sa che dentro di lui c'è qualcosa di indistruttibile, qualcosa che non muore mai."

(Osho)


"Gli uomini che vivono nella coscienza semplice galleggiano sul flusso del tempo come gli animali, vanno alla deriva, si lasciano trasportare dall'avvicendarsi delle stagioni, dalla necessità di immagazzinare cibo, ecc., come la foglia asseconda la corrente, mossa da influenze esterne e bilanciata dalle forze naturali, come avviene per gli animali e le piante. L'uomo autocosciente fa provvista di se stesso ed è, per così dire, ego-centrato. Sente di essere un punto fisso e giudica ogni cosa in riferimento a tale punto. Ma sappiamo che al di fuori di lui non v'è nulla di fisso. Egli si affida alla scienza, ma la scienza è in costante trasformazione, e di rado gli rivelerà qualcosa che valga la pena di sapere. Egli è fissato su un solo punto e facendo perno su quello si muove liberamente. L'illuminato dotato di "coscienza cosmica", essendo consapevole di sè e consapevole del cosmo, del suo significato e del suo andamento, è fisso sia dentro che fuori, nella sua essenza e nelle sue facoltà. La creatura provvista di coscienza semplice è solo un fuscello di paglia trasportato dalla marea, il cui moto cambia liberamente al variare degli influssi. L'uomo autocosciente è l'ago di una bussola imperniato sul proprio centro, fisso in un punto intorno al quale è libero di muoversi. L'uomo dotato di coscienza cosmica è egli stesso l'ago magnetizzato. È ancora fisso sul proprio centro e inoltre indica costantemente "il nord"; ha trovato qualcosa di vero e permanente al di fuori di sè, verso il quale non può che volgere continuamente lo sguardo."

(Richard M. Bucke, La Coscienza Cosmica)

"Gli uomini non sono che fanciulli a caccia di ombre. Nessuno sembra cogliere il valore e il significato spirituale del mondo. I fenomeni naturali non sono che ombre dello spirito dal quale hanno origine, così come il volto dell'uomo muta espressione sotto l'influsso dell'amore, dell'odio o della paura."

(Richard M. Bucke, La Coscienza Cosmica)


"Quando il bambino gioca dimentica se stesso. C'è un solo posto in cui trovare la gioia: al di là della persona. Il miracolo avviene soltanto se dimentichi te stesso. Questo è il segreto dei segreti!"

(Gitta Mallasz)

"L'oro è il metallo più inutile, non serve a niente. Qual è il suo valore? La fede riposta in lui. Chi porta l'oro non ne sente il peso, finchè crede in lui. Se viene a mancare la fede, rimane soltanto il peso"

(Gitta Mallasz).

"La luce nasce dalle tenebre. Le tenebre però muoiono all'arrivo della luce. Le tenebre in realtà non esistono. Le tenebre non possono crescere, la luce può soltanto diminuire. Accendi gli uomini e non ti rattristare per le tenebre!"

(Gitta Mallasz)

"Solo il fuoco debole deve essere difeso dal vento."

(Gitta Mallasz)


"Molti credono di salire. In realtà evaporano nel vuoto. Si innalzano come bolle sdegnose e cangianti, non come alpinisti. L'alpinista sale con tutto il suo peso umano, con tutta la sua densità terrena. L'evaporato diserta il piano, ma il conquistatore di montagne ne conserva l'argilla ai piedi e il profumo nei polmoni. L'eroe e il disertore si confondono spesso agli occhi degli uomini. Ma tu li distinguerai da questo segno: nell'anima di colui che veramente ascende aumenta il rispetto, la comprensione e l'amore per ciò che sta in basso."

(Gustave Thibon)


"Salvare la propria anima non è salvare il proprio io, bensì salvare nell'io quel frammento assetato, non di possedere tutto, ma di essere tutto; quella goccia di eternità che risale alla propria sorgente."

(Gustave Thibon)


"L'unica nobiltà dell'uomo, la sola via di salvezza consiste nel riscatto del tempo per mezzo della bellezza, della preghiera e dell'amore. Al di fuori di questo, i nostri desideri, le nostre passioni, i nostri atti non sono che "vanità e soffiar di vento", risacca del tempo che il tempo divora. Tutto ciò che non appartiene all'eternità ritrovata appartiene al tempo perduto."

(Gustave Thibon)

"La bellezza è la vita, quando la vita rivela il suo profilo sacro.
Ma voi siete la vita e voi siete il velo.
La bellezza è l'eternità che si mira in uno specchio.
Ma voi siete l'eternità e voi siete lo specchio."

(Kahlil Gibran)


"La ragione e la passione sono il timone e la vela di quel
navigante che è l'anima vostra. Se il timone e la vela si
spezzano, non potete far altro che, sbandati, andare alla deriva,
o arrestarvi nel mezzo del mare. Poiché se la ragione domina
da sola, è una forza che imprigiona, e la passione è una fiamma
che, incustodita, brucia fino alla sua distruzione."

(Kahlil Gibran)


"La vostra gioia è il vostro dolore senza maschera. E il pozzo
da cui scaturiscono le vostre risate, è stato sovente colmo di
lacrime. E come può essere altrimenti? Quanto più a fondo vi
scava il dolore, tanta più gioia potrete contenere. Quando siete
felici, guardate in fondo al vostro cuore e scoprirete che ieri
avete sofferto per ciò che oggi vi rende felici. E quando siete
tristi, guardate ancora nel vostro cuore e saprete di piangere per
ciò che ieri è stato il vostro godimento. Alcuni di voi dicono:
"La gioia è più grande del dolore", e altri dicono: "No, è più
grande il dolore". Ma io vi dico che sono inseparabili. In verità
voi siete bilance che oscillano tra il dolore e la gioia. Soltanto
quando siete vuoti, siete equilibrati e saldi. Giudicarvi dagli
errori è come biasimare le stagioni per la loro incostanza. E
benchè il vostro inverno rinneghi la vostra primavera, essa,
coricata in voi, sorride intatta e sonnolenta."

(Kahlil Gibran)

"L'aspetto delle cose varia secondo le emozioni; e così noi vediamo magia e bellezza in loro, ma, in realtà, magia e bellezza sono in noi. Non vediamo le cose come sono, le vediamo come siamo."

(Kahlil Gibran)


"Io sono un viaggiatore e un navigatore e ogni giorno scopro una regione nuova nella mia anima."

(Kahlil Gibran)


"Il silenzio dell'uomo si accosta alla verità più della sua parola."

(Kahlil Gibran)


"L'uccello ha un onore che all'uomo non è toccato. L'uomo vive nelle trappole delle leggi e delle tradizioni che egli stesso si è dato; l'uccello vive secondo la legge naturale di Dio, la stessa che fa ruotare la Terra intorno al Sole."

(Kahlil Gibran)


"Gli uomini hanno trasformato il mondo in un mattatoio in cui essi sono i macellai e i macellati. Voi, nati per librarvi in alto, per solcare gli infiniti spazi, per avvolgere l'Universo con le vostre ali, avete confinato voi stessi in comode stie di convenzioni e di credenze, e ciò ha tagliato le vostre ali, ha menomato la vostra vista ed ha pietrificato il vostro vigore. Siate immobili per esser lucidi, siate lucidi per vedere il mondo chiaramente. E quando riuscirete a vedere il mondo con chiarezza, scoprirete quanto esso sia povero ed incapace di darvi la libertà, la pace e la vita che cercate."

(Mikhail Naimy)


"Nel mondo, tutta l'autorità, qualunque ne sia la fonte, è contraffatta. Perciò, essa fa tintinnare i propri speroni, brandisce la spada e cavalca con chiassosa pompa e scintillante solennità sì che nessuno osi guardare nel suo falso cuore. In conseguenza della loro smoderata sete di potere, gli uomini sono in costante conflitto. Coloro che esercitano l'autorità, lottano costantemente per conservarla. Quelli ce la subiscono, si sforzano continuamente di strapparla dalle mani di chi la esercita. La battaglia è tanto furiosa ed i contendenti tanto inferociti, che nessuno, ahimè!, s'arresta per sollevare la dipinta maschera dalla faccia della falsa sposa per esporre a tutti la sua mostruosa bruttezza."

(Mikhail Naimy)


"Gli uomini hanno sepolto la loro perenne luce sotto troppi strati di illusione, ed ora si lamentano delle tenebre in cui si trovano. Non chiedete alle cose di disfarsi dei loro veli. Svelate voi stessi, ed ogni cosa sarà rivelata."

(Mikhail Naimy)

"Tutte le cose sono incorporate nell'Uomo ed egli, a sua volta, è incorporato in esse. L'Universo è solo un singolo corpo. Entrate in comunione con la sua più minuta particella e sarete in comunione con tutto."

(Mikhail Naimy)


"L'Unità inconsapevole di se stessa genera il dualismo per far sì che, attraverso l'attrito e l'antagonismo di quest'ultimo, essa possa giungere a conoscersi. Il dualismo è continuo conflitto e il conflitto dà l'illusione di due lati opposti intenti all'autodistruzione. In realtà, gli apparenti opposti sono uno il completamento dell'altro, uno la realizzazione dell'altro; essi tendono, mano nella mano, allo stesso identico fine: la perfetta pace, unità e stabilità del Divino Discernimento. Il dualismo non è una punizione, ma un processo inerente alla natura dell'Unità e necessario per lo spiegamento della sua divinità. L'albero del Bene e del Male è uno, ed uno è il suo frutto. Voi non potrete conoscere il sapore del Bene senza conoscere contemporaneamente quello del Male."

(Mikhail Naimy)

"Il parlare è, nel migliore dei casi, un'onesta bugia. Mentre il tacere è, nel peggiore dei casi, una nuda verità. Fino a quando tutti i vostri pensieri non saranno estratti da un'unica cava, e sino a che tutti i vostri desideri non verranno attinti da una stessa fonte, le vostre parole, seppur oneste, resteranno menzognere. Quando il vostro Io ed il mio saranno uno, così come sono uno il mio e quello di Dio, noi faremo a meno delle parole e comunicheremo perfettamente nel veritiero Silenzio."

(Mikhail Naimy)

"A meno che non ascendiate discendendo, e a meno che non uniate la valle alla vetta, le altezze vi daranno sempre le vertigini, gli abissi vi renderanno sempre ciechi. Un albero non può spingersi al di là delle proprie radici. L'Uomo, invece, può espandersi nell'infinito, poichè le sue radici sono piantate nell'eternità."

(Mikhail Naimy)


"L'Uomo è un dio in fasce. Il Tempo è una fascia. Lo Spazio è una fascia. La carne è una fascia, e così pure tutti i sensi e le cose con essi percettibili. La madre sa molto bene che le fasce non sono l'infante; questi, però, lo ignora. E l'Uomo, l'infante, si prepara alla lotta e dichiara guerra all'infinito ed unico Sè, ritenendolo un nemico del proprio essere. L'Uomo riduce la propria carne a brandelli e versa il proprio sangue a torrenti. Mentre Dio, il Padre-Madre, osserva amorevolmente. Poichè Egli sa bene che l'Uomo sta lacerando solo i propri spessi veli e sta versando solo l'amaro fiele che gli impedisce di ravvisar la sua identità con l'Uno."

(Mikhail Naimy)


"Morite per vivere o vivete per morire. L'Uomo è trattenuto da tutto ciò che trattiene. Allentate la vostra presa sulle cose se desiderate liberarvi dalla loro."

(Mikhail Naimy)

"Le persone possono essere felici solo quando cadono i legamenti dai loro occhi, che bloccano l'accesso alla vera luce; possono essere felici solo se spezzano le catene degli schiavi, che gravano sul loro cuore."

(Karl von Eckartshausen)

"Gli uomini volendo abbellire l'anima, hanno creduto di doverla ornare di credenze e di principi, come adornano di pietre preziose e di ori i santi dei diversi santuari. Ma l'anima non è bella se non quando è nuda."

(Marguerite Yourcenar)

"Il segreto scrupolosamente custodito dai preti di tutte le religioni, che essi non riveleranno mai volontariamente al mondo, è che i preti non sono necessari; non è necessario quello che i preti sanno o che gli iniziati fanno o che i fedeli credono… pratiche e sacramenti, ogni cosa. La verità è che Dio abita senza limiti dovunque è il reale, dovunque agisce l'autentico. La speciale conoscenza di come mettersi in contatto con lui è quella stessa conoscenza che tutte le sere riporta l'ape al suo alveare: chi trasferisce quella conoscenza all'ape? Se non abbiamo soldi, se non possiamo leggere o essere giudiziosi, veniamo abbandonati? Egli abbandona forse gli insetti più umili perchè essi sono virtualmente nulla più che macchine dotate di riflessi? Così come la verità non può davvero essere soppressa, almeno non per sempre, non può nemmeno essere accaparrata. Ci viene insegnato notte e giorno, come a tutte le entità viventi: incessantemente. Dio non ha cominciato a governare e a informare il cosmo quando sono state inventate la scrittura e la moneta."

(Philip K. Dick, L'Esegesi)

"La natura è l'esterno della mente divina: tuttavia questa mente non si trova in un "paradiso lassù", ma in ogni particella della realtà. Esistono gli opposti in natura, forze contrarie, contraddizioni; ma nell'operazione dell'intero cosmo – nella "volontà di Dio" – tutti i contrari coincidono e scompaiono. Dietro la stupefacente, meravigliosa varietà della natura, c'è l'ancor più meravigliosa unità, laddove tutte le parti appaiono come organi di un unico organismo."

(Philip K. Dick, L'Esegesi)

"C'è una cosa che nessuno può costringerti a fare: mentire. Si mente solo per il proprio profitto. Tutto si basa su una decisione invisibile al mondo. Nessuno ti dice mai: "mentimi". Falsificare è una tua decisione. Nel momento in cui qualcuno mente diventa separato dalla realtà. Ha introdotto la falsificazione lui stesso. Qualunque linguaggio menzognero crea all'istante, in una singola mossa, una pseudorealtà, contaminando la realtà, fino a liberare la Menzogna. Quando improvvisamente ho smesso di credere nella Menzogna non ho cominciato a pensare in modo diverso… ho "visto" in modo diverso, come se qualcosa che era sempre stato lì se ne fosse andato dal mondo o non fosse più fra me e il mondo. Come un meccanismo di distorsione che fosse stato rimosso: una distorsione voluta. E tutto ad un tratto è diventato linguaggio chiaro. Dio sembrava avermi ritrovato, ed esprimeva cose attraverso le cose. Dovunque vedevo segnali lungo un percorso, che marcavano la Sua presenza."

(Philip K. Dick, L'Esegesi)

"L'universo è non-creato ma tenuto insieme dal Logos, che è immanente/trascendente. Gli uomini non ascoltano il Logos, nè lo vedono, perchè sono addormentati. Quando l'uomo si ripristina al suo stato originario avviene l'apertura del "terzo occhio", il ripristino della facoltà originaria, la vista soppressa nella Caduta. Siamo come bulbi di lampadine appesi a un filo, alimentati da un generatore esterno comune, la Mente Cosmica. Probabilmente l'ego può essere estinto dalla morte, ma non l'anima o il più grande Sè."

(Philip K. Dick, L'Esegesi)


"Io parlo di
Il Restauratore di Ciò che è andato perduto
Il Riparatore di Ciò che è stato rotto.
È apparso è mi ha liberato da ogni schiavitù, interiore o esteriore.
Lui,da dentro me, ha guardato fuori e ha visto che i conti del mondo non tornano, e che qualcuno ha mentito a me e a lui. Ha negato la realtà, il potere e l'autenticità del mondo dicendo: "Questo non può esistere."
Si è impadronito completamente di me, innalzandomi dai limiti della matrice spaziotemporale.
Mi ha controllato mentre io sapevo che il mondo intorno a me era fatto di cartapesta, era un falso.
Attraverso il suo potere ho visto improvvisamente l'universo com'era; attraverso il suo potere di percezione ho visto quello che esisteva veramente, e attraverso il suo potere di decisione senza pensiero ho agito per liberarmi.
Lui è sceso in battaglia come un campione di tutti gli spiriti umani in schiavitù contro ogni male, contro ogni cosa che imprigiona. Combatteva e sconfiggeva instancabilmente le tirannie che per piccoli gradi erano penetrate nel nostro mondo

libero e puro. Il suo amore era per la giustizia e per la verità al di là di qualsiasi altra cosa.
Egli non ha nome, nè Dio nè forza, uomo o entità; è dovunque in ogni cosa; è fuori di noi e dentro di noi. Egli è soprattutto l'amico dei deboli e il nemico della Menzogna."

(Philip K. Dick, L'Esegesi)


"Possiamo passare la vita a farci dire dal mondo cosa siamo. Sani di mente o pazzi. Eroi o vittime. A lasciare che la storia ci spieghi se siamo buoni o cattivi. A lasciare che sia il passato a decidere il nostro futuro. Oppure possiamo scegliere da noi, e forse inventare qualcosa di meglio è proprio il nostro compito."

(Chuck Palahniuk)


"Qui non possediamo nulla, all'infuori del bene che abbiamo fatto agli altri."

(Gustavo Rol)


"Le difficoltà stimolano il coraggio, nel coraggio si tempera la forza, con la forza s'impone la rotta al destino. Questo vuol dire vivere."

(Gustavo Rol)

"L'uomo è un essere che cammina senza sapere perché cammina. Egli sa di ignorare, ma nulla ammette della sua ignoranza; così trascura i richiami disperati della propria coscienza e soffoca la voce del proprio cuore. Egli è nato cattivo per apprendere ad essere buono: ma dove sono i suoi maestri? È nato per godere della vita, ma della vita egli fa il suo più grande tormento. Egli crea per distruggere e se non distrugge non trova elementi per creare. L'infelicità è parte della sapienza dell'uomo. Il profondo di noi stessi è un baratro oscuro, fatto di terrore e di morte; ma non è che superando questo stato di primordiale necessità che si incontra la vera ragione della vita."

(Gustavo Rol)


"Tutto nell'Universo nasce, vive e muore, eppure l'uomo non l'accetta. Occorre che l'uomo spalanchi le porte sull'infinito, sull'eternità. Perchè vivere nel terrore della morte? La morte è solo la fine di qualcosa e in quella stessa fine c'è gia il seme della rinascita."

(Gustavo Rol)


"Ciò che si percepisce della nostra vita non è che la minima parte della realtà, e ciò che vedono i nostri occhi non è che una frazione infinitesima di quello che la realtà è di fatto."

(Gustavo Rol)

"Ricorda di controllare sempre i tuoi pensieri, poiché il pensiero è come una freccia che indica una direzione e lo spirito segue quella freccia. Lo spirito va, là dove la mente lo porta."

(Gustavo Rol)


"La malattia di cui oggi soffre gran parte dell'umanità è inafferrabile, non definibile. Tutti si sentono più o meno tristi, sfruttati, depressi, ma non hanno un obbiettivo contro cui riversare la propria rabbia o a cui rivolgere la propria speranza. Un tempo il potere da cui uno si sentiva oppresso aveva sedi, simboli, e la rivolta si dirigeva contro quelli. Ma oggi? Dov'è il centro del potere che immiserisce le nostre vite? Bisogna forse accettare una volta per tutte che quel centro è dentro di noi e che solo una grande rivoluzione interiore può cambiare le cose, visto che tutte le rivoluzioni fatte fuori non han cambiato granché."

(Tiziano Terzani)


"Oggi l'economia è fatta per costringere tanta gente a lavorare a ritmi spaventosi per produrre delle cose perlopiù inutili, che altri lavorano a ritmi spaventosi, per poter comprare, perché questo è ciò che dà soldi alle società multinazionali, alle grandi aziende, ma non dà felicità alla gente."

(Tiziano Terzani)

"Se la vita fosse tutto un letto di rose sarebbe una benedizione o una condanna? Forse una condanna, perchè se uno vive senza mai chiedersi perchè vive, spreca una grande occasione. E solo il dolore spinge a porsi la domanda."

(Tiziano Terzani)


"Ciò che è fuori è anche dentro; e ciò che non è dentro non è da nessuna parte. Per questo viaggiare non serve. Se uno non ha niente dentro, non troverà mai niente fuori. È inutile andare a cercare nel mondo quel che non si riesce a trovare dentro di sé."

(Tiziano Terzani)


"Non volevo morire senza aver capito perché ero vissuto. O, molto più semplicemente, dovevo trovare dentro di me il seme di una pace che poi avrei potuto far germogliare ovunque."

(Tiziano Terzani)


"Finirai per trovarla la Via, se prima hai il coraggio di perderti."

(Tiziano Terzani)

"Ciò che è fuori è anche dentro; e ciò che non è dentro non è da nessuna parte. Per questo viaggiare non serve. Se uno non ha niente dentro, non troverà mai niente fuori. È inutile andare a cercare nel mondo quel che non si riesce a trovare dentro di sé."

(Tiziano Terzani)


"Il vero guru è quello che sta dentro di te, qui. Tutto è qui, non cercare fuori da te. Tutto quello che potrai trovare fuori è per sua natura mutevole, impermanente; la sola stabilità che può aiutarti davvero è quella interiore."

(Tiziano Terzani)


"Non ci sono scorciatoie che posso indicare. I libri sacri, i maestri, i guru, le religioni servono, ma come servono gli ascensori che ci portano in alto facendoci risparmiare le scale. L'ultimo pezzo del cammino, quella scaletta che conduce al tetto dal quale si vede il mondo, sul quale ci si può distendere a diventare una nuvola, quell'ultimo pezzo va fatto a piedi, da soli. L'India è stata per me una grande occasione, ma quello che alla fine ho imparato non è indiano. È parte di quella filosofia perenne che non ha nazionalità, che non è legata a nessuna religione, perchè ha a che fare con l'aspirazione più profonda dell'animo umano, con quell'eterno bisogno di sapere come mai siamo al mondo e come entrare in contatto con quello che ci ha messo qui."

(Tiziano Terzani, Un altro Giro di Giostra)

"Ma noi, siamo pronti a cambiare la nostra vita che nella maggior parte dei casi giusta non è? Cambiare è una delle cose più difficili da fare. Il cambiamento ci fa paura e nessuno vuole davvero correggere il proprio modo di vivere. Per questo siamo più favorevoli alla terapia oggettiva; per questo preferiamo curarci l'asma con l'aerosol, l'allergia con gli antistaminici e il mal di testa con l'aspirina. Questo è molto più facile, e molto più sbrigativo, che mettersi a capire che cosa provoca in noi questi malanni. Se scoprissimo poi che sono dovuti all'abitare in una casa che ci è poco congeniale, alla compagnia di gente insulsa, al mangiare cose sbagliate e al fare un lavoro privo di significato, saremmo disposti a cambiare? Cambiare, come si fa? Questo senso di impotenza aumenta la nostra predisposizione al mal-essere."

(Tiziano Terzani)


"Spesso vedete i fili elettrici, piccoli e grossi, nuovi o vecchi, dei cavi costosi e a buon mercato: da soli sono inutili e, finché non passa la corrente, non si ha luce. Il filo siete voi, sono io. La corrente è Dio. Noi abbiamo la possibilità di permettere alla corrente di passare attraverso di noi, utilizzandoci per produrre la luce nel mondo, oppure possiamo rifiutare di essere usati e consentire così alle tenebre di diffondersi. La mia preghiera è con ciascuno di voi, e prego che ciascuno di voi voglia essere santo, e così diffondere l'amore di Dio ovunque vada. Che la sua luce di verità sia nella sua vita di persona, in modo che Dio possa continuare ad amare il mondo attraverso voi e me. Impegnatevi con tutto il cuore ad essere luce splendente!"

(Madre Teresa di Calcutta)

"Se ti identifichi con il tuo nome, la tua storia, la tua razza, la tua religione, ti stai identificando con una serie di etichette che sono transitorie e incredibilmente brevi; quell'insieme di etichette non sono ciò che sei, ma ciò che tu stai sperimentando. Noi non siamo il nostro personaggio, siamo "punti di attenzione" che possono essere ristretti o immensi, all'interno di un infinito e unico flusso di coscienza. Se ti autoidentifichi con le tue etichette, con l'io, allora vedi il mondo in una certa maniera, che può essere spaventosa e dolorosa; ma quando ti autoidentifichi come coscienza infinita ed eterna che sta vivendo questa esperienza, osservi il mondo da una prospettiva più ampia e da quella prospettiva non è così terribile. Questa è una breve esperienza per un momento di coscienza eterna a cui noi diamo un nome. La nostra percezione diventa la nostra esperienza. Se ci riprendiamo le nostre menti, se ci riprendiamo la nostra consapevolezza, possiamo creare una realtà differente. La società umana è la somma totale della percezione umana; cambia la percezione umana e anche la società dovrà cambiare, perchè è semplicemente un riflesso della percezione umana."

(David Icke)


"Il compito principale nella vita di un uomo è di dare alla luce se stesso. Il guaio della vita di oggi è che molti di noi muoiono prima di essere nati pienamente."

(Erich Fromm)

"La soluzione più frequente scelta dall'uomo nel passato e nel presente è l'unione col gruppo, il condividerne costumi, usi, pratiche e credenze. Anche nella civiltà occidentale contemporanea, l'unione col gruppo è la maniera più frequente per superare l'isolamento. È un'unione in cui l'individuo si annulla in una vasta comunità, e il suo scopo è quello di far parte del gregge. Se io sono uguale agli altri, sia nelle idee che nei costumi, non posso avere la sensazione di essere diverso. Sono salvo: salvo dal terrore della solitudine. La maggior parte della gente non si rende nemmeno conto del proprio bisogno di conformismo. Vive nell'illusione di seguire le proprie idee ed inclinazioni, di essere individualista, di aver raggiunto da sé le proprie convinzioni; e si dà il fatto che le sue idee siano le stesse della maggioranza. L'unione ottenuta mediante il conformismo, non è intensa né profonda; è superficiale e, poiché è il risultato della routine, è insufficiente a placare l'ansia della solitudine. I casi di alcoolismo, di tossicomania, di manie sessuali e di suicidio, sono sintomi del fallimento di tale unione."

(Erich Fromm)


"Tutti seguono schemi prestabiliti, con una velocità prestabilita, in modo predisposto. Perfino le reazioni sono prescritte: allegria, tolleranza, amabilità, ambizione e capacità di andare d'accordo con tutti senza attrito. Il divertimento è organizzato nello stesso modo, sebbene non con lo stesso sistema; i libri sono selezioni da biblioteche, i film dagli impresari, e gli slogans pubblicitari coniati da loro; il resto è pure uniforme; la gita domenicale in automobile, i programmi televisivi, le riunioni e i ricevimenti ufficiali. Dalla nascita alla morte, dal lunedì alla domenica, da mattina a sera, tutte le attività sono organizzate e prestabilite. Come potrebbe un

uomo prigioniero nella ragnatela della routine ricordarsi che è
un uomo, un individuo ben distinto, uno al quale è concessa
un'unica occasione di vivere, con speranze e delusioni, dolori e
timori, col desiderio di amare e il terrore della solitudine e del
nulla?"

(Erich Fromm)


"I normali sono i più malati, e i malati sono i più sani. Suona
spiritoso, ma è da prendere in modo del tutto serio: questa non
è una formuletta divertente. L'uomo malato mostra che in lui
determinati fenomeni umani non sono ancora del tutto repressi,
e quindi entrano in conflitto con i modelli culturali, e attraverso
ciò, attraverso questa "frizione", producono sintomi. Il
sintomo, esattamente come il dolore, è solo un segnale che
qualche cosa non va. Fortunato colui che ha un sintomo. Come
fortunato colui che ha un dolore quando gli manca qualche
cosa. Lo sappiamo bene: se l'uomo non provasse dolore, si
troverebbe in una condizione molto pericolosa. Ma moltissimi
uomini, ossia i "normali", sono così conformisti, hanno
abbandonato tutto ciò che è loro più proprio, sono così alienati,
strumentalizzati, robotizzati che già non riescono più a provare
nessun conflitto. Ciò significa che il loro veri sentimenti, il loro
amore, il loro odio, tutto ciò insomma è così represso, o
addirittura così atrofizzato, che costituiscono già il ritratto di
una cronica, leggera, schizofrenia. Quest'uomo viene
influenzato dal suo ambiente, nel senso della struttura della
società in cui egli vive, la quale ha una tendenza: ossia quella
di modellare le sue energie psichiche in modo tale che l'uomo
faccia volentieri quello che in realtà deve fare, affinché questa
società possa continuare ad esistere nelle sue forme speciali."

(Erich Fromm)

"Siamo dominati da tutto quello con cui si identifica il nostro Io. Possiamo dominare e controllare tutto quello da cui ci disidentifichiamo. L'errore comune che facciamo tutti è di identificarci con qualche contenuto della nostra coscienza, piuttosto che con la coscienza stessa. Alcune persone si identificano con i loro sentimenti, altri con i loro pensieri, altri ancora con i loro ruoli sociali. Ma questa identificazione con una parte della personalità distrugge la libertà che deriva dall'esperienza dell'Io puro. Con l'esercizio della disidentificazione e identificazione si tratta di praticare la consapevolezza ed affermare: "Ho un corpo, ma non sono il mio corpo. Ho emozioni, ma non sono le mie emozioni. Ho un lavoro, ma non sono il mio lavoro, ecc". L'introspezione sistematica può aiutare ad eliminare le parziali autoidentificazioni. Questa tecnica è vicina alla meditazione buddista vipassana nella quale uno solamente osserva i pensieri che passano, le sensazioni e le immagini. Porta all'affermazione che l'osservatore è diverso da chi osserva. Quindi lo stadio naturale che viene dopo la disidentificazone è una nuova identificazione con l'Io centrale. Io riconosco ed affermo: "Io sono un centro di pura autocoscienza. Io sono un centro di volontà, capace di comandare, dirigere e usare tutti i miei processi psicologici ed il mio corpo fisico."

(Roberto Assagioli)


"Se si sapesse che vi è un grande Saggio dotato di elevati poteri spirituali, un Saggio amorevole e disinteressato, sorgerebbe certamente in noi il vivo desiderio di parlargli, di chiedergli consiglio e aiuto; ebbene, un simile saggio, un simile Maestro esiste, è vicino, anzi presente in ognuno di noi. È l'Io superiore, il Sé spirituale. Per arrivare a lui occorre, sì, un viaggio, ma un viaggio in mondi interni. Per raggiungere la sua sede occorre un'ascesa, l'ascesa verso le altitudini del supercosciente. Ed è necessaria una adeguata preparazione psicospirituale, per divenir capaci di sostenere l'afflusso della sua forza, per cogliere i suoi sottili messaggi distinguendoli da tutte le altre voci interne, per ben comprendere e interpretare il simbolismo. Occorre infine essere disposti ad attuare con ferma e costante volontà ciò che ci ha indicato. Le indicazioni del Sè corrispondono al vero bene, ma possono essere contrarie ai nostri desideri, alle nostre preferenze personali. Il Sè non richiede sacrifici nel comune senso errato di rinunce forzate e dure, ma li chiede nel senso di una consacrazione che implica l'eliminazione graduale di tante cose, abitudini e attività, che sono nocive o inutili, o meno importanti, per far posto e dedicare il tempo a ciò che più vale."

(Roberto Assagioli – Lo Sviluppo Transpersonale)


"La gente è strana. Si infastidisce sempre per cose banali. E poi dei problemi gravi come il totale spreco della propria esistenza, sembra accorgersene a stento."

(Charles Bukowski)


"Non veniamo al mondo per lavorare o per accumulare ricchezza, ma per vivere. Abbiamo a disposizione l'eternità per non essere e solo un minuto per essere. Per questo, ciò che più mi offende oggi è la poca importanza che diamo al fatto di essere vivi."

(José Mujica)

"L'introspezione è un'attività che sta scomparendo. Sempre più persone, quando si trovano a fronteggiare momenti di solitudine nella propria auto, per strada o alla cassa del supermercato, invece di raccogliere i pensieri controllano se ci sono messaggi sul cellulare per avere qualche brandello di evidenza che dimostri loro che qualcuno, da qualche parte, forse li vuole o ha bisogno di loro"

(Zygmunt Bauman)


"Erriamo non perché la verità sia difficile da vedere. Essa è visibile a colpo d'occhio. Erriamo perché la bugia è più confortevole."

(Aleksandr Solzhenitsyn)


"L'uomo è la specie più folle: venera un Dio invisibile e distrugge una Natura visibile. Senza rendersi conto che la Natura che sta distruggendo è quel Dio che sta venerando."

(Hubert Reeves)


"Credono nel divino soltanto coloro che lo sono essi stessi."

(Friedrich Hölderlin)

"Il folle è consapevole di esserlo? O i pazzi sono coloro che vogliono convincerlo della sua follia per salvaguardare la loro esistenza insensata?"

(Carlos Ruiz Zafón)

"La vera felicità è abbastanza economica, tuttavia la gente è pronta a pagare cifre altissime per le sue versioni falsificate."

(Hosea Ballou)


"La solitudine non si cura con la compagnia umana. La solitudine si cura attraverso il contatto con la realtà."

(Anthony de Mello)


"Abbiamo costruito un sistema che ci persuade a spendere il denaro che non abbiamo in cose che non ci servono, per creare impressioni che non dureranno su persone che non ci interessano."

(Emile Henry Gauvreay)


"Siamo come burattini che si muovono avanti e indietro alla ricerca dei loro fili."

(Jacques Vallèe)


"Spezzate le catene che imprigionano il pensiero, e anche il vostro corpo sarà libero."

(Richard Bach)

"Se le montagne fossero perfettamente lisce non potremmo raggiungere la vetta."

(M. Morya)


"In natura non ci sono né ricompense né punizioni: ci sono conseguenze."

(Robert Green Ingersoll)


"Noi non siamo esseri umani che vivono un'esperienza spirituale. Noi siamo esseri spirituali che vivono un'esperienza umana."

(Teilhard De Chardin)


"Chi cerca l'infinito non ha che da chiudere gli occhi."

(Milan Kundera)


"Nessuno vede l'ovvio, nessuno osserva l'ordinario. Ci sono più miracoli in un metro quadrato di terra che in tutte le favole della Chiesa."

(Robert Anton Wilson)


"Grande è colui che non ha perso il suo cuore di bambino."

(Meng-Tzu)

"Una bellezza nuova, un nuovo dolore, un nuovo bene di cui presto ci si sazi, per meglio assaporare il vino di un male nuovo, una nuova vita, un infinito di vite nuove, ecco quello di cui ho bisogno, signori: semplicemente questo e nulla di più. Ah, come colmarlo questo abisso della vita? Che fare? Perché il desiderio è sempre lì, più forte, più folle che mai. È come un incendio marino che avventi la sua fiamma nel più profondo del nero nulla universale! È un desiderio di abbracciare le infinite possibilità!"

(Oscar Milosz)

"Le condizioni in cui gli uomini vivono sulla terra sono il risultato del loro stato di coscienza. Voler cambiare le condizioni senza cambiare la coscienza è una vana chimera."

(Mira Alfassa)

"Affinché le cose possano rivelarsi per come sono, dobbiamo essere pronti ad abbandonare le nostre opinioni su di esse."

(Thich Nhat Hanh)

"Non si può conoscere la natura creata in tutta la sua bellezza essenzialmente sacra se non si disimparano anzitutto gli sporchi stratagemmi dell'umanità adulta. Visto attraverso gli occhiali color sterco dell'egoismo, l'universo appare stranamente come un mucchio di sterco; e poichè, a forza di portarli, gli occhiali son diventati parte dell'occhio, il processo di "pulizia delle porte della percezione" è spesso, almeno nei primi stadi della vita spirituale, dolorosamente simile a un'operazione chirurgica."

(Aldous Huxley, La Filosofia Perenne)


"Il mondo è un'illusione, ma è un'illusione che dobbiamo prendere sul serio, perché fino a un certo punto è reale, ed è vero in quegli aspetti della realtà che siamo capaci di comprendere. Il nostro mestiere è quello di svegliarci."

(Aldous Huxley)


"La gente viaggia per le stesse ragioni per cui colleziona opere d'arte: perché così fa la buona società. Essere stati in certi punti della superficie terrestre è socialmente appropriato; dà un senso di superiorità su coloro che non ci sono mai stati."

(Aldous Huxley)


"Nessuno deve andare in nessun altro luogo. Vi siamo già tutti, se solo lo sapessimo. Se soltanto io sapessi chi sono in realtà, smetterei di comportarmi come quello che credo di essere; e se smettessi di comportarmi come quello che credo di essere, saprei chi sono"

(Aldous Huxley – L'isola)

"Il corpo è nel tempo, lo spirito è atemporale e la psiche è una creatura anfibia costretta dalle leggi dell'essere dell'uomo ad associarsi in qualche misura col suo corpo, ma capace, se lo vuole, di avere esperienza del suo spirito e di identificarsi con esso e, attraverso questo, di identificarsi col Fondamento Divino. Lo spirito rimane sempre quello che eternamente è; ma l'uomo è costituito in modo che la sua psiche non può esser sempre identica allo spirito. Gli uomini "buoni" spiritualizzano i loro corpi-mente; gli uomini "cattivi" incarnano e costringono nella mente il loro spirito."

(Aldous Huxley)


"Se è inutile dire alla collettività che la persona è sacra, è altrettanto inutile dire alla persona stessa che essa è sacra. Non può crederlo. Non si sente sacra. E il motivo che impedisce alla persona di sentirsi sacra è che effettivamente non lo è. Ciò che è sacro non è la persona, ma ciò che in un essere umano è impersonale, nient'altro lo è. Un uomo non è sacro per via del colore dei suoi occhi, per via dei suoi pensieri o della sua condizione sociale. Ciò che ci trattiene dal ferire un nostro simile è sapere che la sua anima sarebbe straziata dal pensiero che gli viene fatto del male. Un idiota del villaggio è vicino alla verità quanto un bambino prodigio. L'uno e l'altro ne sono separati soltanto da un muro. La differenza fra uomini più o meno intelligenti è come la differenza fra criminali condannati alla galera a vita le cui celle siano più o meno grandi. Un uomo intelligente e fiero della propria intelligenza somiglia a un condannato fiero di avere una cella grande. Se uno spirito prigioniero ignora la propria prigione, vive nell'errore. Se l'ha riconosciuta – seppure per un decimo di secondo – e si è affrettato a dimenticarsene per non soffrire, abita nella menzogna. Uomini dall'intelligenza estremamente brillante possono nascere, vivere e morire nell'errore e nella menzogna. In costoro l'intelligenza non è un bene e neanche un vantaggio. Non si entra nella verità senza essere passati attraverso il proprio annientamento, senza aver soggiornato a lungo in uno stato di estrema e totale disillusione. Chi è penetrato nell'ambito dell'impersonale vi trova una responsabilità nei confronti di tutti gli esseri umani. Quella di proteggere in loro non già la persona, bensì ogni fragile possibilità di passaggio nell'impersonale che la persona ricopre."

(Simone Weil, La Persona e il Sacro)


"Nel profondo dell'anima si sa spesso già dove si va, ma molto spesso quel "Pinco Pallino" che noi chiamiamo "Io" fa un tale chiasso che non riusciamo a sentire questa voce interiore."

(Marie-Louise von Franz)


"Nulla di finito, nemmeno l'intero mondo, può soddisfare l'animo umano che sente il bisogno dell'eterno."


(Søren Aabye Kierkegaard)

"Il folle è consapevole di esserlo? O i pazzi sono coloro che vogliono convincerlo della sua follia per salvaguardare la loro esistenza insensata?"

(Carlos Ruiz Zafón)

"La vostra opinione è soltanto un punto di vista. Non è necessariamente vera. Proviene dalle vostre convinzioni, dall'ego e dal vostro sogno personale. Il novantacinque per cento delle convinzioni immagazzinate nella nostra mente sono menzogne e noi soffriamo perchè le crediamo vere. Non siamo la persona che secondo noi dovremmo essere e allora ci sentiamo falsi, frustrati e disonesti. Cerchiamo di nasconderci, fingendo di essere ciò che non siamo. Il risultato è una mancanza di autenticità, che ci spinge a indossare maschere sociali per evitare che la nostra falsità venga a galla. La più grande paura umana non è morire, ma essere vivi. La nostra più grande paura è correre il rischio di vivere e di esprimere ciò che siamo realmente. Abbiamo imparato a vivere secondo il punto di vista di altre persone, per timore di non essere accettati e di non essere abbastanza bravi secondo gli standard di qualcun altro. Esistono molti modi per farsi del male, quando non ci piace il nostro modo di essere. Per esempio, molte persone vanno al lavoro ogni giorno pensando soltanto allo stipendio, ai soldi che prenderanno in cambio di ciò che fanno. Non vedono l'ora che sia sabato per prendere la paga e andare a divertirsi. Lavorano duro tutta la settimana, sopportando un'attività che non amano, ma che sentono di dover fare: devono pur pagare l'affitto e mantenere la famiglia. Sono pieni di frustrazioni e anche quando ricevono i soldi non sono contenti. Hanno due giorni per riposarsi, per fare ciò che preferiscono e cosa fanno? Cercano di fuggire. Si ubriacano, perchè non amano se stessi, non amano la vita che fanno."

(Don Miguel Ruiz)

"Dio è un pozzo; ogni religione vi attinge, l'una con un secchio, l'altra con una giara, la terza con un otre. Guardiamo all'acqua e non alla forma dei nostri recipienti."

(Gandhi)


"Il pensare divide, il sentire unisce."

(Ezra Pound)


"Erriamo non perché la verità sia difficile da vedere, essa è visibile a colpo d'occhio. Erriamo perché la bugia è più confortevole."

(Alexander Solzhenitsyn)


"Se si vuole capire una società, date una buona occhiata alle droghe legali utilizzate. Fatta eccezione per il veleno farmaceutico, ci sono essenzialmente solo due droghe che la civiltà occidentale tollera: la caffeina da Lunedì a Venerdì per eccitarti abbastanza e fare di te un membro produttivo della società, e l'alcool dal Venerdì al Lunedì per sopportare il carcere che si vive dentro."


(Bill Hicks)

"Stiamo ormai per toccare il fondo, su tutti noi incombe la più completa rovina fisica e spirituale, e noi continuiamo a farfugliare con un pavido sorriso: – Come potremmo impedirlo? Non ne abbiamo la forza. Siamo a tal punto disumanizzati, che per la modesta zuppa di oggi siamo disposti a sacrificare qualunque principio, la nostra anima, tutti gli sforzi di chi ci ha preceduto, ogni possibilità per i posteri, pur di non disturbare la nostra grama esistenza. Non abbiamo più nessun orgoglio, nessuna fermezza, nessun ardore nel cuore. Non ci spaventa neppure una guerra nucleare (ci sarà sempre un angolino dove nascondersi), ci basta non staccarci dal gregge, non fare un passo da soli, non rischiare di trovarci tutt'a un tratto privi del filoncino di pane bianco o dello scaldabagno. Ce l'hanno martellato nei circoli politici e il concetto ci è entrato bene in testa, ci assicura una vita comoda per il resto dei nostri giorni: l'ambiente, le condizioni sociali, non se ne scappa, l'esistenza determina la coscienza, noi cosa c'entriamo? Non possiamo far nulla. Invece possiamo tutto! Ma mentiamo a noi stessi per tranquillizzarci. Non sono loro i colpevoli: è colpa nostra, soltanto nostra! Si obietterà: ma in pratica che cosa si potrebbe escogitare? Ci hanno imbavagliati, non ci danno retta, non ci interpellano. Come costringere quelli là ad ascoltarci? Fargli cambiare idea è impossibile. Ma veramente è un circolo chiuso e non c'è alcuna via d'uscita? E non ci resta se non attendere inerti che qualcosa accada da sé? Quel qualcosa che ci sta addosso non si staccherà mai da sé se continueremo tutti ogni giorno ad accettarlo, ossequiarlo, consolidarlo, se non cominceremo ad affrontarlo almeno dalla cosa a cui più è sensibile: dalla menzogna. La violenza non ha altro dietro cui coprirsi se non la menzogna, e la menzogna non può reggersi se non con la violenza. Non tutti i giorni né su tutte le spalle la violenza abbatte la sua pesante zampa: da noi esige solo docilità alla menzogna, quotidiana partecipazione alla menzogna: non occorre altro per essere sudditi fedeli. Ed è proprio qui che si trova la chiave della nostra liberazione, una chiave che abbiamo trascurato e che pure è tanto semplice e accessibile: il rifiuto di partecipare personalmente alla menzogna. Anche se la menzogna ricopre ogni cosa, anche se domina dappertutto, su un punto siamo inflessibili: che non domini per opera mia! La nostra via è non sostenere in alcun modo consapevolmente la menzogna. Avvertito il limite oltre il quale comincia la menzogna, ritrarsi da questa cancrenosa frontiera! Poiché se gli uomini ripudiano la menzogna, essa cessa semplicemente di esistere. Come un contagio, può esistere solo tra gli uomini. Ognuno di noi dunque, superando la pusillanimità, faccia la propria scelta: o rimanere servo cosciente della menzogna (certo non per inclinazione, ma per sfamare la famiglia, per educare i figli nello spirito della menzogna!), o convincersi che è venuto il momento di scuotersi, di diventare una persona onesta, degna del rispetto tanto dei figli quanto dei contemporanei. Certo, sulle prime sarà duro. Qualcuno si vedrà temporaneamente privato del lavoro. Per i giovani che vorranno vivere secondo la verità, all'inizio l'esistenza si farà alquanto complicata: persino le lezioni che si apprendono a scuola sono infatti zeppe di menzogne, occorre scegliere. Ma per chi voglia essere onesto non c'è scappatoia, neppure in questo caso: mai, neanche nelle più innocue materie tecniche, si può evitare l'uno o l'altro dei passi che si son descritti, dalla parte della verità o dalla parte della menzogna: dalla parte dell'indipendenza spirituale o dalla parte della servitù dell'anima. Una via non facile, certo, ma fra noi ci sono già delle persone, anzi decine di persone, che da anni tengono duro su tutti questi punti e vivono secondo verità. Non si tratta dunque di avviarsi per primi su questa strada, ma di unirsi ad altri! Il cammino ci sembrerà tanto più agevole e breve quanto più saremo uniti e numerosi nell'intraprenderlo. Se saremo migliaia, nessuno potrà tenerci testa. Ma se ci facciamo vincere dalla paura, smettiamo di lamentarci che qualcuno non ci lascerebbe respirare: siamo noi stessi che non ce lo permettiamo. Pieghiamo la schiena ancora di più, aspettiamo dell'altro, e i nostri fratelli biologi faranno maturare i tempi in cui si potranno leggere i nostri pensieri e mutare i nostri geni. Una scelta non facile per il corpo, ma l'unica possibile per l'anima. E chi non avrà avuto neppure il coraggio di difendere la propria anima non ostenti le sue vedute d'avanguardia, non si vanti d'essere un accademico, un "artista" o un generale: si dica invece, semplicemente: sono una bestia da soma e un codardo, mi basta stare al caldo a pancia piena. Se ancora una volta saremo codardi, vorrà dire che siamo delle nullità, che per noi non c'è speranza, e che a noi si addice il disprezzo. A che serve alle mandrie la libertà? Il loro solo retaggio da generazioni sono il giogo, la frusta e i sonagli."

(Aleksandr Solženicyn, Vivere Senza Menzogna)

"La nostra cultura è perversione. Feticizza oggetti, crea manie consumistiche, predica infinite forme di falsa felicità, infinite forme di falsa comprensione sotto forma di religioni e stupidi culti. Invita la gente ad annientare se stessa e a disumanizzarsi comportandosi come macchine. La nostra civiltà è composta da sei miliardi di persone che cercano di essere felici ognuno prevaricando e prendendo a calci nei denti gli altri. Non è una situazione piacevole. Questa cultura è creata per le comodità altrui, chiese, aziende e compagnie che vi possiedono. Non è vostra amica. Essa vi insulta, vi indebolisce, usa e abusa di voi. Emanciparsi significa decondizionarsi dai valori ed i programmi della società, mettendo i propri valori e programmi al posto loro. La nostra cultura è un'ignobile bugia. Se lavori come un cane vieni premiato con 260 canali di pessima televisione e un'automobile tedesca! Che razza di eccellenza è mai questa?! Abbiamo una società secolare, la religione è completamente svalutata e il feticismo consumista è l'unico valore riconosciuto collettivamente. E il livello d'infelicità è immenso, non solo tra i poveri ma anche tra i ricchi. Non ci sono scusanti per questo. La civiltà occidentale è una pistola carica puntata alla testa di questo pianeta. Immaginate che la popolazione globale sia dipendente da una droga che uccide, ma non ci sia nessun dottore che ne sconsigli l'uso, nessuna clinica per disintossicarsi. Abbiamo imboccato una strada assolutamente distruttiva, destinata a finire con l'impoverimento della flora e della fauna e il collasso della nostra civiltà per l'esaurimento delle risorse... a meno che non riusciamo in qualche modo a riorganizzare la nostra psicologia e riappropriarci di noi stessi."

(Terence McKenna)


"Ogni essere umano, se non ha portato a termine un certo lavoro spirituale, è un bambino travestito da adulto."

(Alejandro Jodorowsky)


"L'ego infantile cerca solo di avere: "Sono quello che possiedo, rifiuto il vuoto, mi batto per non essere cacciato, disprezzato, eliminato o ignorato". Una lotta angosciante, perchè l'ego individuale, pura illusione, non potendo essere non può possedere. Non potendo colmarsi della forza misteriosa che si può percepire ma non definire (che a seconda delle diverse credenze possiamo chiamare Assoluto, Dio, Agente Universale o Energia Cosmica) naufraga nelle proprie emozioni convulse, incapace di costruire qualcosa di duraturo. Trovare se stessi, diventare adulti, è scoprire il divino che vive in noi, liberandolo

dagli impedimenti emozionali, mentali e sessuali che
costituiscono l'ego individuale."

(Alejandro Jodorowsky)


"Tristi città
adulti vestiti da bambino, bambini vestiti da adulto
Prigioniera nella sua cella, passeggia la gente
Nemmeno conoscono la prigione in cui vivono
Un cieco propone di spegnere tutte le lampade
Lo zoppo si burla di quelli che ballano
Cercando di valere, ti dimentichi di essere
Per volere essere ciò che vuoi, ti perdi durante il tragitto
Per cercare la soddisfazione, perdi l'allegria
La coscienza vive attonita
"Io sono io", dici, senza sapere chi sei
Credi di essere di più perchè accumuli
Che cosa possiedi per permetterti di dire Io?"

(Alejandro Jodorowsky, Le Pietre del Cammino)


"Ho venduto il mio diavolo all'anima
Vita dopo vita avanzo verso l'origine
La mia patria sono le mie scarpe
Per arrivare al più, vado di meno in meno
Ostacolo maggiore: l'immagine di me stesso
Mordi la mia anima Vipera, il tuo veleno l'alimenta
Questo dolore non è mio, è del bambino che regna nella mia
memoria
Quanto bisogna smettere di essere, per essere?
La croce del sacrificio è anche il segno "più"
Cadrai fino ad arrivare alla cima

Se celebri la luce del fuoco rispetta ciò che si consuma
Per sparire devo trovarmi
Assente quando presente, presente quando assente
Sempre si è lontani fuori dal centro
Quando sono quello che sono, appare Dio dentro di me
Se lo definisci, menti
Se lo cerchi, lo perdi
Se lo vedi, ti vedi."

(Alejandro Jodorowsky – Le Pietre del Cammino)


"Avidi rapaci che con ferocia agitano carte
fanno di noi accumulatori di numeri,
con linee di sangue che si spartiscono la Terra
agitando stracci a stelle e a strisce,
orgogliosi delle loro medaglie di plastica
dettano leggi che c'imprigionano l'anima.
Sacerdoti promiscui promettono Eden vischiosi
affondando i lividi artigli in ogni atto vitale,
feroci banchieri vendono debiti a prezzi sinistri
usando il credito come un'esca assassina,
commercianti disumani c'innescano nel cervello
pubblicità velenose che occultano minacce astratte,
artisti egocentrici che come cani si leccano l'ombelico
all'infinito
politici spietati si fanno pubblicità a ogni battito di ciglia
mafiosi superbi con valigie piene di denaro depravato
vendono accumulatori di ego a sciocchi che si sentono vuoti,
gli avvelenatori del mare si ritrovano con gli avvelenatori
dell'aria
della terra, del sangue, per decretare quale lasso di vita
sia consentito a ciascun cittadino prima del pensionamento
lupi affondano le zanne per trarre i maggiori benefici

in contratti tutelati da una legge puttana
che giustifica il furto a chi compra illusioni,
bruti camuffati da militari impongono con le bombe
i loro sistemi di latrocinio, eserciti di leccaculo,
cravatte impeccabili sotto lingue sudicie.
si alzano di buon'ora, danno un bacio in fronte alle mogli
e si recano negli uffici dove con indifferenza
distruggono la trasparenza dell'aria e la fertilità della terra,
architetti assassini di finestre erigono falli di cemento
suddivisi in loculi dai soffitti basi in cui si annidano
zombie che con le lunghe dita bianche picchiettano sui tasti
per riempirsi gli occhi di immagini fatte di cocaina,
televisori che infettano la vita con burattini vanitosi,
con quelle loro facce da centro del mondo,
seni come palloni per attrarre gli ingordi ottici,
labbra tumide come ostriche in calore
adolescenti che disprezzano il sublime con il loro orgoglio
parassita,
pagliacci eletti presidenti da masse che s'ingozzano di
spazzatura televisiva
divoratori di immagini, di sogni zuccherosi
falsi guru dal cuore purulento che vendono aspirine metafisiche
predicatori che proclamano la fine del mondo
per raccogliere i mobili che i credenti hanno buttato fuori dalla
finestra.

Nulla hanno a che vedere con la delicatezza, conoscono solo la
forza.
Nulla hanno a che vedere con la dignità, leccano le suole del
denaro.

Chi ha trasformato il cittadino in un imbecille pieno di debiti?
Chi ha invaso la Terra con grattaceli traboccanti di funzionari
ciechi?

In mezzo ai morti che si contendono un brandello di premio
vado cercando sotto montagne di maschere insoddisfatte
il fulgore di un giorno vero.
Come raggiungere il sole che brilla al centro di questo mare di
ombre?"

(A. Jodorowsky)
(B.

"Per trovare l'acqua riconosci la tua sete.
Demolisci i muri che ti separano da te stesso.
Distruggi il burattino costruito intorno alla tua coscienza.
T'inniettarono le storture dell'apparire.
T'inchiodarono sul volto le smorfie degli antenati.
T'illudi se credi di regnare sugli specchi.
Racchiusero il tuo essere in un passaporto, una lingua, un abito
di fango.
Mutilarono le tue peculiarità. Pensare non è seppellire il mondo
in uno stampo.
Sebbene il mondo conficchi i suoi mille assi nella tua mente,
in fondo all'anima c'è una sfera che non ruota.
Liberati del superfluo, cerca la radice invisibile fino a che ti
ritroverai libero dalle definizioni.
Lascia che il vento porti via tutto ciò che artificiale, innestato,
tatuato, ricopiato, in una nuvola di petali."

(A. Jodorowsky)

"Ciascun individuo è il prodotto di due forze: la forza imitatrice (governata dal gruppo famigliare, che agisce provenendo dal passato) e la forza creatrice (guidata dalla Coscienza universale e proveniente dal futuro). La Coscienza, fin dai primi istanti della sua individuazione nel feto, è prigioniera del conflitto tra creare e imitare. Se il bambino presenta pochi tratti psicologici ricalcati su genitori e avi, si può pensare che la Coscienza sia stata capace di vincere l'influenza dei modelli che le generazioni precedenti avrebbero voluto affibbiargli. Se al contrario il bambino diventa copia dei genitori o dei nonni, la Coscienza è stata sconfitta. Le anime creatrici sono poche, mentre ci sono eserciti di anime imitatrici. Le prime devono imparare a comunicare e a seminare i propri valori, le seconde devono liberarsi dagli schemi e imparare a creare, vale a dire arrivare a essere se stesse e non quello che la famiglia, la società e la cultura vogliono."

(A. Jodorowsky)


"Il cinema degli Usa è deciso dalla politica. Sullo schermo i nemici sono i giapponesi, i cinesi, i "negri", i messicani, perfino i francesi, poiché si sono opposti alla guerra in Iraq. Tutto il cinema americano è contro "l'altro" e questo è l'effetto che produce nella mente del pubblico mondiale. È un cinema che non è semplice, non è sincero. È un cinema che si realizza in una grande stanza piena di computer, specialisti di ogni tipo, gente che ha studiato l'induzione psicologica che modificano gli elementi della realtà in funzione di quello che ci vogliono far vedere."

(Alejandro Jodorowsky)

"La gente con un basso livello di coscienza è sempre alla ricerca di qualcuno che le dia conferma di quanto vale; le persone con un elevato livello di coscienza, invece, cercano qualcuno che sottolinei i loro difetti per superarli. Ogni angelo è un diavolo che ha subito una trasformazione, ed è necessario arrivare fino in fondo al nostro pozzo, in fondo al nostro diavolo, affinchè questo possa trasformarsi in angelo. Dobbiamo riconoscere il nostro diavolo prima di trasformarlo in angelo: finchè non l'abbiamo riconosciuto, come possiamo trasformarlo? Solo attraverso l'errore e la caduta si impara, perchè se non cadiamo non possiamo rialzarci; il maestro della perfezione è proprio l'errore, così come il maestro della salute è la malattia. È con la malattia che si impara cos'è la salute; il maestro di un'alimentazione sana è una bella indigestione. Dobbiamo entrare profondamente nelle nostre forza istintive per realizzare un'ascensione verso le forze spirituali."

(Alejandro Jodorowsky)


"Sono profondamente convinto della magia della vita. La magia non è superstizione, la magia è la natura del mondo. Il mondo non è logico nè razionale, è magico, ed esiste un legame stretto tra tutto ciò che accade. Il tempo non è lineare, gli effetti a volte si producono prima delle cause, alcune cose sono inspiegabili… la realtà è miracolosa, è magica. Segue principi che non sono scientifici. La realtà non è scientifica. Questa vita che noi vorremmo logica è in realtà folle, scioccante, meravigliosa e crudele. Il nostro comportamento che pretendiamo logico e consapevole, di fatto è irrazionale, pazzo, contraddittorio. La realtà è come un sogno nel quale dobbiamo lavorare per poter passare progressivamente dal sogno inconscio, che può sempre trasformarsi in incubo, al sogno "lucido". Se osserviamo lucidamente la nostra realtà scopriamo che è poetica, illogica, esuberante. Nella vita, come nel sogno, per rimanere lucidi bisogna prendere le distanze, agire senza identificarsi con l'azione. È un antico principio spirituale. Le tradizioni spirituali parlano di coloro che si sono risvegliati; risvegliarsi è smettere di sognare. In altre parole, è sparire da questo universo onirico per trasformarsi nella persona che lo sogna. Fin dall'antichità attribuiamo molto valore all'espressione "Conosci te stesso", che in realtà è piuttosto confusa. La gente pensa che sia qualcosa del tipo "Esci e trovati". In realtà quando diciamo "Conosci te stesso", quel "te stesso" è l'universo. L'universo conosce se stesso. "Conoscimi" dice l'universo. Nella voce di Dio, conosci te stesso significa "conoscimi!.".

(Alejandro Jodorowsky)


"Siamo esseri ammaestrati da una cultura che formatta il nostro cervello. Dobbiamo lottare contro questa imposizione per essere noi stessi. Siamo abituati a vivere in un mondo lineare, all'interno di un'architettura cubica e razionale, e per questo, a un dato momento, siamo costretti a rompere le limitazioni. Spesso non possiamo farlo, proprio perchè siamo prigionieri dentro la nostra mente. L'ideale è pensare senza nazionalità, senza definizione sessuale e senza essere deformati dal sistema solare. Sono molti a farsi trascinare dal film della vita. I più vogliono essere come gli altri e ciò li porta a essere morti mentre sono ancora in vita. Dobbiamo riuscire a trovare quello che ci distingue dagli altri per poter essere qualcosa. Tentando di assomigliare agli altri, ci trasformiamo in zombi."

(Alejandro Jodorowsky)

"Viviamo in un mondo materialista costruito sul furto, la competizione, lo sfruttamento, l'egoismo… tutto è predisposto per impedire alla coscienza di svilupparsi, perchè la coscienza disturba, confonde. Il sistema scolastico mantiene i bambini a un livello distante dalla presa di coscienza, un livello che impedisce al mondo di cambiare. Esiste una evidente cospirazione che tende a mantenere il mondo così com'è, su fondamenta prive di morale. A sessant'anni, al tramonto della vita, gettiamo gli esseri umani nella pattumiera della società. Li abbiamo abituati da sempre a quest'idea e, accettandola, gli individui vivono accompagnati dall'angoscia di raggiungere questa età critica. Ci troviamo all'interno di una società criminale che distrugge l'essere: la cospirazione contro il risveglio."

(Alejandro Jodorowsky)

"Occorre affrontare la propria morte, l'imprevisto, la nostra ombra, i vermi che brulicano dentro di noi. Se non hai accettato che devi morire, non hai ottenuto niente. Solo l'aver accettato che siamo di passaggio ci libera dal pensiero della morte. Ciò che ci intimorisce perde qualsiasi potere nel momento in cui smettiamo di combatterlo. La nostra paura alimenta l'animosità dell'avversario, mentre la volontà di affrontarlo con amore lo disarma, vale a dire, gli fa cambiare disposizione."

(Alejandro Jodorowsky)

"La libertà non è fare quello che si vuole; è sapere quello che si vuole. Ma questa civiltà ti toglie il tempo di capire se quello che stai facendo è quello che veramente vuoi; di solito lo stai facendo perchè c'è un grande fiume che si chiama "consumismo" che va in quella direzione e tu sei solo uno dei tanti pesci in quel grande fiume. La sottrazione del nostro tempo è mirata a trasformare l'essere umano pensante in consumatore. Il miglior consumatore è quello non pensante; meno si pensa, più si consuma. Non facciamo più le cose per scelta, ma perché le abbiamo fatte ieri e quindi le rifaremo domani; i nostri gesti automatici sono il 90% della giornata. Bisogna riprendersi il tempo e iniziare a chiedersi "perchè?". Perchè compro questo? Perchè faccio questa cosa? Perchè leggo questo libro? Perchè guardo questo programma? Perchè vado a vedere questo film? Lo voglio veramente io o fa parte di un meccanismo? Bisogna chiedersi "perchè" per uscire dalla trappola del "come"; tutti vi dicono come comprare una macchina, nessuno vi spiega perchè ve la dovete comprare. Vi serve davvero? Vale la pena di spendere non solo dei soldi ma anche del tempo per questo? Dobbiamo costruire un futuro fondato sul "perchè", perchè ci hanno dato dei falsi obiettivi, dei falsi sogni. La cosa fondamentale è che qualunque cosa vogliate fare vi chiediate veramente perchè la fate. Se pensate che quello che state facendo, comprando, leggendo, vedendo, sia inutile, non lo fate: toglietelo. In questa maniera vi ritrovate il tempo per fare qualcos'altro di fondamentale."

(Gianfranco Carpeoro)

"Io non sono io.
Sono colui che cammina accanto a me
senza che io lo veda,
che, a volte, sto per vedere,
e che, a volte, dimentico.
Colui che tace, sereno, quando parlo,
colui che perdona, dolce, quando odio,
colui che passeggia là dove non sono,
colui che resterà in piedi quando morirò."

(Juan Ramon Jimenez)


"Tutta l'oscurità del mondo non potrà mai spegnere una
candela accesa."

(Proverbio cinese)


"Gli assiomi della filosofia non sono assiomi finché non li
abbiamo provati sulla nostra pelle: leggiamo belle cose, ma non
possiamo sentirle fino in fondo finché non abbiamo ripercorso
gli stessi passi dell'autore."

(John Keats)


"Non smettete mai di protestare; non smettete mai di dissentire,
di porvi domande, di mettere in discussione l'autorità, i luoghi
comuni, i dogmi. Non esiste la verità assoluta. Non smettete di
pensare. Siate voci fuori dal coro. Siate il peso che inclina il
piano. Siate sempre informati e non chiudetevi alla conoscenza
perché anche il sapere è un'arma. Forse non cambierete il
mondo, ma avrete contribuito a inclinare il piano nella vostra

direzione e avrete reso la vostra vita degna di essere raccontata.
Un uomo che non dissente è un seme che non crescerà mai."

(Bertrand Russell)


"Non si riceve la saggezza, bisogna scoprirla da sè, dopo un
tragitto che nessuno può fare per noi, nè può risparmiarci,
perchè essa è una visuale sulle cose."

(Marcel Proust)


"Il tempo non toglie ne aggiunge un atomo all'infinito.
L'intuito non mente allorché ci bisbiglia: "Non sei polvere, tu
sei magia!"

(Richard Bach)


"Poiché le nostre mire non sono alte, ma illusorie, i nostri
problemi non sono difficili bensì privi di senso."

(Ludwig Wittgenstein)


"Ed alla fine di tutte le nostre esplorazioni, arriveremo al punto
di partenza e conosceremo quel luogo per la prima volta."

(Thomas Stearns Eliot)

Milton Keynes UK
Ingram Content Group UK Ltd.
UKHW010726070823
426447UK00001B/101

9 781447 797784

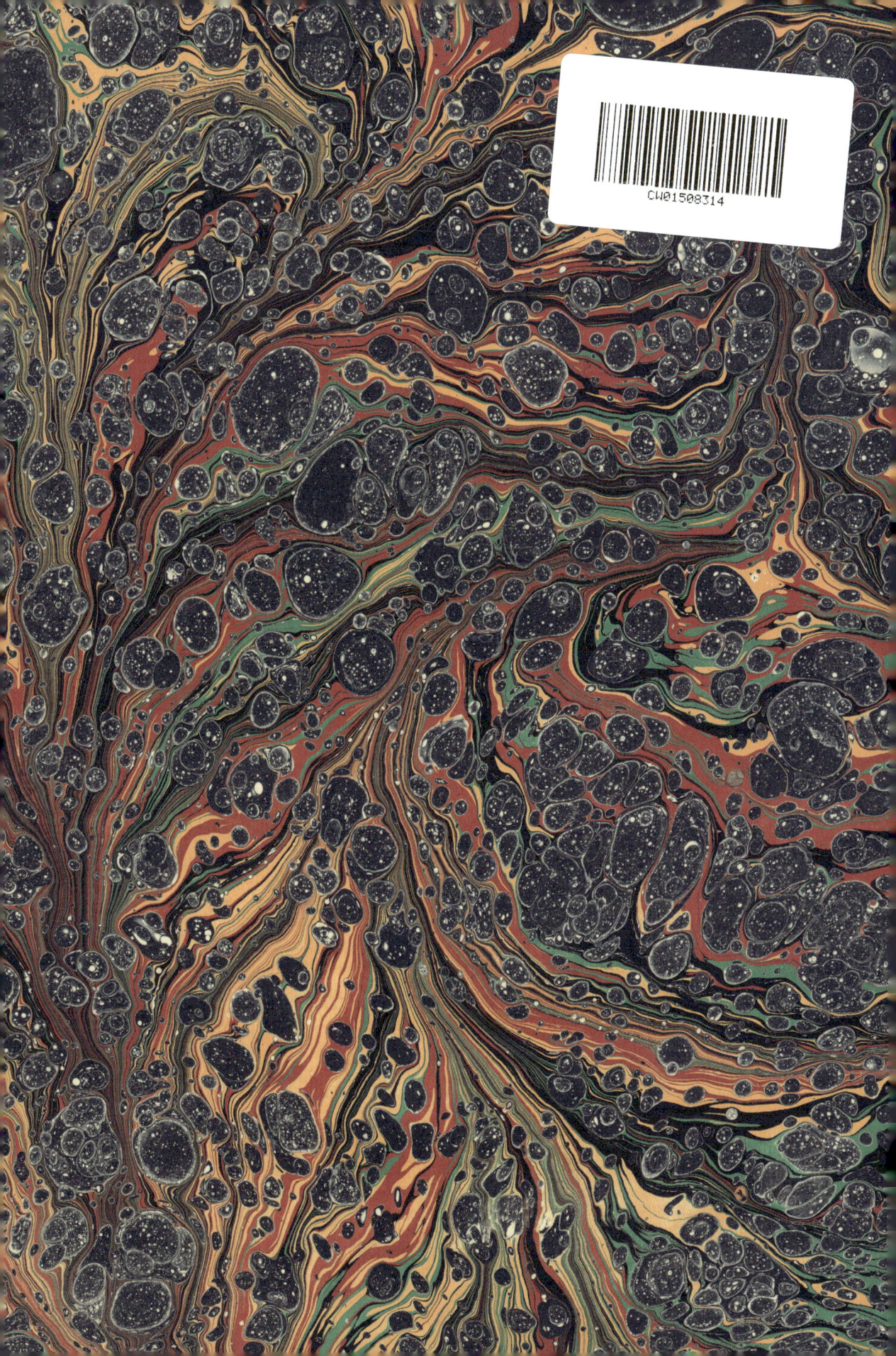

# THE GERMAN
# ANTI-PARTISAN BADGE
## IN WORLD WAR II

Rolf Michaelis

**Schiffer Military History**
Atglen, PA

Published by Schiffer Publishing Ltd.
4880 Lower Valley Road
Atglen, PA 19310
Phone: (610) 593-1777
FAX: (610) 593-2002
E-mail: Info@schifferbooks.com.
Visit our web site at: www.schifferbooks.com
Please write for a free catalog.
This book may be purchased from the publisher.
Try your bookstore first.

In Europe, Schiffer books are distributed by:
Bushwood Books
6 Marksbury Avenue
Kew Gardens
Surrey TW9 4JF, England
Phone: 44 (0) 20 8392-8585
FAX: 44 (0) 20 8392-9876
E-mail: Info@bushwoodbooks.co.uk.
Visit our website at: www.bushwoodbooks.co.uk

# CONTENTS

# FOREWORD

Almost every German soldier who saw service outside the Reich's boundaries during World War II had direct or indirect contact with partisans at least once, whether it was a blown-up bridge, destroyed communication lines or an attack on a supply or furlough train. Everyone was aware of the danger caused by the "bandits" and in many of the confrontations they saw gruesome pictures of slaughtered comrades. As scarcely anywhere else, the power between the enemy parties escalated, and particular misery beset the uninvolved civilian population.

Despite the worsening war situation, new troops – especially the police and Wehrmacht – had to be used to fight the partisans. To recognize this difficult and burdensome combat service, a badge was created especially for the so-called bandit-fighting units: the Anti-Partisan Badge.

Thus publication will discuss the historical background and the practice of awarding this decoration.

Rolf Michaelis
Berlin, June 2007

# THE PARTISAN WAR

## GENERAL OBSERVATIONS

The German Wehrmacht was confronted with partisan fighting that grew to an unexpected extent in the European countries that it occupied during World War II.

The partisans were referred to as "bandits" by the Nazi leadership as of the autumn of 1942, so as not to use the word "partisans", which was idealized in the Soviet Union. The partisans in every country were at least organized into national and communistic groups that often opposed each other. While the former already began to make diversionary attacks in Poland in September 1939, the latter became active only in the summer of 1941 with Stalin's call for fighting against the National Socialistic German Reich. Because of the partisan bands being revalidated in the political orientation, there were sometimes tacit agreements between the national resistance and the German occupation troops, since Communism was regarded as the greater enemy.

An important activity of the partisans consisted of disturbing the German supply lines to the front. This included blowing up railroad lines, roads and bridges, plus destroying troop supply depots and other important military facilities. Special activities could be seen before every great Allied offensive in western, southern and eastern Europe. Beyond that, the agricultural use was to be hindered and attacks made against German soldiers and civilians and national collaborators. For protection against these partisan attacks, just as to protect harvesting as the war went on, more units and weapons constantly had to be deployed, which were then lacking on the always-threatened front.

The German occupation policy had an influence, not to be underestimated, on the extent of partisan activity. While the relatively moderate treatment of the Scandinavian – and thus Nordic – peoples plus the Czechs, who were so important for German armaments, led to no extensive undertakings, the behavior of German officials in western Europe and above all Hitler's Slavic policy in southeastern and eastern Europe brought on a real flood of artisan activity. In a speech at the *Führer* headquarters on July 16, 1941, Hitler stated:

> "The Russians have now given an order for partisan war behind our front. This partisan war does have an advantage: It gives us the chance to wipe out what is opposed to us."

The mass shootings of Soviet war prisoners, Jews and Gypsies by German troops in the first months of Operation Barbarossa are included here. The despoiling of the economy in occupied areas plus that of the work force, in which the responsible General for Work Action, Sauckel, had civilian workers deported to the West, also drove many persons to partisan activities. The freedom from Communism, for which they had longed, soon turned against their oppression by National Socialism. The majority of the population thus found themselves between two totalitarian systems that had no regard for them. Even though a large percentage of these people were dissatisfied with the Stalinist system, they preferred to go into the woods than to suffer under any German repression. If the German eastern policy had offered a favorable alternative to Communism, the strongly left-oriented partisan movement would have found a broad base in it.

The partisan activities were organized regionally. Thus in the operation area of the front the Commander of the Army Group, and in the individual Reich commissariats, the higher SS and Police leaders were responsible. The instructions for fighting partisans were given after discussion between Hitler and Himmler via the OKW to the OKH. The latter passed them on to the army groups.

## THE PARTISANS IN
## THE INDIVIDUAL OCCUPIED COUNTRIES

After the Munich Accord in October 1938, German troops marched into the Sudetenland belonging to Czechoslovakia since the Treaty of St. Germain. Five months later they occupied the rest of Czechoslovakia and thus the first non-German-speaking area. The Czech area became the Protectorate of Bohemia and Moravia, while Slovakia, as of March 14, 1939, became an independent state allied to the German Reich. On the very next day the Communist Party in the former Czechoslovakia announced:

> "The working class, which has often stood in the first ranks
> of the national defense, will now become again the firm bulwark
> of the national resistance movement."

In the Protectorate of Bohemia and Moravia, much was produced for the German armament. Thus the policy toward the Czechs remained relatively moderate. Until the various intrusions of the security police and the SD, no extensive undertakings against partisans needed to be carried out. Only in May 1945 did the Czech people rise up and take bloody revenge for the German domination of the past six years. In the process, thousands of Wehrmacht members and Sudeten German individuals lost their lives.

Poland was the second European country to be occupied by the German Wehrmacht. From September 1, 1939 to the end of October 1939 there was hard fighting at times. In September 1939, members of the defeated Polish Army, plus bourgeois and agricultural citizens, already joined to form a Polish national resistance movement, which was later directed by the Polish Government in Exile in London. By 1944 this Polish national army (Armija Krajova) had grown to some 300,000 members. At the same time – though much smaller in numbers – Communist partisans were also in action. Along with the numerous police forces, the German replacement troops situated in the General Government had contact with Polish partisans.

The former *SS-Untersturmführer* Jan Gwidzalla (SS-Kav.Ers.Abt.) recalls:

> "In 1943 I had the assignment to bring a group of "volunteers" from Warsaw to Kielce. Somewhat south of Radom the train was stopped, as the line was blocked by derailed cars. The rails had been torn apart, and because such a thing could not happen on its own, partisans must have had a hand in it. A smaller unit of the Wehrmacht had gone in search of the evil-doers and had not returned. Good advice was expensive, and nobody wanted or was able to decide anything. I asked myself if it was advisable to undertake anything with absolute greenhorns. But in the train there were two dozen men in our uniforms. From their speech it could be heard that their homeland was the Ukraine. They were on the way to Debica and not at all enthusiastic when I put them under my command to search to the right. When we reached a little hamlet on foot in the twilight, various people tried to chase them away. That was always suspicious. And then I was surprised, for my good Mennonites from the Ukraine, who didn't want to at first, found out what we wanted, and so they led us to the place where the Wehrmacht soldiers were. The partisans had shot them first and then massacred them, or vice versa. Since we found the murdered soldiers' personal belongings in a peasant hut, the case was clear. We assembled the whole village at the market place and had them carry our dead comrades back to the rail line."

The partisan war in Poland reached a high point in August 1944, when the Armija Krajova took up armed open warfare against the German troops in

Warsaw. The Poles lost thousands of civilians and some 18,000 members of the homeland army in the bloody uprising. The German losses were some 10,000 dead and 9,000 wounded.

On April 9, 1940 the occupation of Denmark and Norway began. While the Danish government immediately called for the cessation of resistance, the Norwegian King Haakon ordered a general mobilization and took up the battle along with Allied troops. But when, on May 10, 1940, the German western campaign began, the British commander broke off the conflict. With the occupation of Denmark and Norway, the important supplying of ores from neutral Sweden by sea was made safe. Attacks, especially Communist-oriented Scandinavian resistance groups, were carried out in growing extent as of 1943, as were numerous strikes, but did not have much effect on occupied Europe.

On the other hand, Paris became the center of the Comintern of Western Europe. After General de Gaulle, from England, on June 18, 1940 – one day after the French armistice offer to Germany – called on the French people to resist, the first small actions against the German troops began in July 1940. In France, as in the Balkans during the German occupation time, great national conflicts resulted. Extreme-right factions of the Vichy government that collaborated with the German Reich advanced mercilessly against the enemy. Operations of the Maquis advanced extremely in 1943 and, along with the Allied invasion of Normandy on June 6, 1944, reached their high point in the planned and ground-covering destruction of the German troops' transport and communication lines to the front.

The campaign against Yugoslavia in April 1941 finally led to the second-largest partisan war in Europe during World War II. As in the other countries, within that land of many peoples the various political parties also fought each other. The right-leaning Croatian Ustasha, along with Communist-oriented Croats, fought against a hundred thousand Orthodox Serbs and Muslims. The national Serbian partisans under General Mihailovic fought the Ustasha of Pavelic as well as the Communist adherents of Tito, who prevailed against all the groups and the German occupation troops.

In Greece there were mainly two large partisan camps: the Communist National Liberation Army, ELAS that enjoyed Soviet support, and the Republican Greek League, EDES, which received British help. Here too, especially during the withdrawal of the German troops, there were bitter and costly battles.

The situation in Albania, which held a relative neutrality after Italy came out on Germany's side, was also not to be overlooked. Here there were numerous mountain tribes that also fought against each other. From the German side, though, the primary battle was against the Communist partisan movement spilling over from northern Greece.

In all, the partisan war – including the fighting between the various partisan bands – in the Balkans cost more than 500,000 lives from 1941 to 1945.

The Russian campaign brought on the largest partisan uprising. As a result of the conflict in philosophies of life between the National Socialist German Reich and the Communistic Soviet Union, hundreds of thousands of civilians were killed. When this way of action became known, it inspired thousands of new partisans to join the Soviet resistance behind the front. Along with Red Army officers, who had hidden in the forests with their troops after the great pocket battles of 1941, the civilian partisans finally formed a force of about 500,000 men behind the German front.

Attacks were carried out every day. Thus the Gendarmery Action Command z.b.V. reported on July 14, 1943:

> "Retreat: By vehicles at 8:00 A.M. At 12:30 Volma was reached. No enemy contact until then. Two bridges east of Iravcaly were destroyed and were repaired in makeshift fashion by calling in the population. It was reported by inhabitants that bands of 4 to 40 men appeared in the region almost daily, supplied themselves with food in the villages, and then disappeared into the forests again. There were said to be very many Jews in these bands. The villagers could not say where they were camped.
>
> The march back: At 4:30 P.M. on the Volma-Ivenice road. While passing the patch of woods some 2 km west of Volma (south of the road), there was an attack by some 40 to 60 men. Our own forces were attacked from all sides with light army guns, machine pistols, rifles and hand grenades. In the counterattack, the bands were driven off after about an hour's firefight and some were killed in close combat. The rest of the march went on without enemy contact. The bridges rebuilt in the morning had meanwhile been destroyed again and had to be repaired again. Return: 7:30 P.M."

The Communist partisan groups made war not only against the German occupiers and collaborators, but also put the simple civilian population under pressure and requisitioned great quantities of food from them. Here is the document of a Gendarmery post leader:

"On March 16, 1944, about 1:00 P.M., worker Michalina Galavenchik, born in Rumok in 1911, currently living in Usda, came to the Gendarmery post here and reported the following:

I have lived in Rumok since my birth. I am married, and my husband has served in the Red Army since the war began. Some six months ago, bandits came to Rumok and took quarters with the peasants. They immediately took possession of all the exit roads and also dug road trenches. They filled the area around Rumok with strong posts, and we were no longer allowed to leave the village. While at first we could go to the mill with the permission of the bandit commander, which was later forbidden. In the village of Rumok itself, the bands took only the people's pigs, while they drove off all the cattle in the nearby villages, and even there where no bandit families lived. The commander of the bandits in Rumok was Brigade Leader Baranov. The bandits had a strength of some 300 men there, and some of them were in uniform, but the majority wore civilian clothes. The dress of the leaders consisted only of Russian army uniforms, while the men wore worn out uniforms or civilian clothing. The bands in Rumok lived exclusively on the captured cattle, flour, milk, etc. They had the vegetables ground in the mill there and the farmers then had to bake bread for them afterward. The bandits put out a lot of propaganda in the surrounding villages and always maintained that the front would soon be around Minsk and the Germans had to leave the Russian territory hastily. Among the bandits in Rumok there were very many Jews, and among them was one from Usda named Rasiowski. He was working in the bandits' tailor shop. The leaders and seconds-in-command were armed for the most part with machine pistols, and the men with rifles. Many also had light machine guns, and now and then I saw that some set out with grenade launchers. I never saw cannons or antitank guns. After the attack on the escort of the SS Dirlewanger Special Regiment, the bandits brought five SS members to Rumok as prisoners. As I heard it said, they were a German, a Pole and three Russian prisoners. They were taken away from Rumok, and as I heard it, the bandits

"Five days in bandit warfare."

said that they would not kill the Germans but would hang the Russians. The bandits in Rumok also made out passports in the German language. The bandits' spies used these and traveled with them as far as Minsk to do business there. From there they brought ammunition, hand grenades, and probably weapons as well. There is even the possibility that the bandit spies showed their false passes to German vehicle drivers on the way to Minsk and then rode to Minsk with them. Whether the bandits did business and made purchases on the black market in Minsk or in other places is not known to me. I do know, though, that the bandits get their medical supplies in Minsk. In the Rumok bandit camp were two doctors and a woman dentist. The dentist comes from Veleshin near Kopyl. Her name is not known to me. Among these doctors there are also Jews. On March 8, 1944, around 4:00 A.M., we heard in Rumok that an attack on Rumok was being made from the east side. We hid in a cellar and the bandits hastily went off with their helpers in the direction of Glinki. Rumok was two-thirds destroyed in the attack, and there are only 13 houses standing now. When the attack was over, we went out of the cellars and saw that there were German troops in the village. They took us to Sluck and we were set free from there. After that I went back to Rumok, and there a farmer told me that the bandits had said that they would shoot me, since a brother of mine worked for the police in Usda. I borrowed a blanket from my neighbor and went out to sleep in the forest. On the next day I went to Usda and moved in with my mother. I also know that the bandit camp has moved from Ivanovbor to Glinki. It also bore the name of Furnov. The last attack on the Usda road was carried out by the Marmilovzie bandit members.

Many of the bandits also ran away from the bandit camps. In the villages around Rumok and also in Rumok itself there are many bandit graves. The bandits do not always bury their dead in the same place, but as already noted, they divide the gravesites of the dead among the most varied villages. They do that so that the bandit members do not learn of their many losses.

I take the liberty of remarking that I am the sister of the policeman Adam Dashkevich. He has already served a year with the police in Usda."

# The Anti-Partisan Badge

The partisan war grew to its greatest extent in 1944. In all, about a million partisans were at war against German troops. This resulted in Hitler introduced, on January 30, 1944:

> "In recognition of the service in band fighting more and more strictly organized and increased by the enemy ... the Anti-Partisan Badge."

Since in Hitler's eyes the fighting of partisans was still a police task, he turned the setting of the requirements for award over to the *Reichsführer-SS*. Himmler declared that the Anti-Partisan Badge could be given as a sign of bravery and achievement by the SS and Police to all leaders, lower leaders and men of the units active in partisan fighting. It did not matter whether they were German or foreign soldiers, as long as they were under oath to Hitler.

It was awarded mainly to German members of police units. Then came soldiers of the usually foreign security forces of the Wehrmacht and members of the Waffen-SS.

As opposed to the press releases of the OKH, in which the following appeared:

> "The Führer introduced the Anti-Partisan Badge as an award for the bravery and achievement of the German soldiers in battle against the bands organized in Moscow in the swamps and forests behind the eastern front and in the ravines and on the heights of the mountains in the Southeast, or to the comrades from the allied European countries fighting at their sides."

Thus the awarding regulations said nothing of a regional combat area. For example, soldiers who were serving in France were thus also eligible.

The Anti-Partisan Badge shows an oval oak-leaf wreath in the middle of which is a Germanic sword stabbing into a four-headed snake. On the button is a sun-wheel (swastika), and under the snake a death's-head. There are remarkably many variations of this very rare badge. Seen from the front, they differ most in the height of the sword, which sometimes ends at the oak-leaf wreath, but sometimes goes somewhat beyond it, and by the number of piercings in the area of the snakes. There are at times one, two, three or four piercings. The back shows differences in the pin system – round (steel)

**The Anti-Partisan Badge in Bronze in half-hollow form with a thin, round steel pin.**

The Anti-Partisan Badge in half-hollow form with a wide pin.

**The Anti-Partisan Badge in Silver, in massive form, with a wide pin.**

The depicted Anti-Partisan Badge in Gold with diamonds is made of massive silver and fire-gilded. Twenty-six small diamonds adorn the sun-wheel. On the back of the badge, which has four piercings, is a vertical wide pin, adorned with a silver punch and bearing the manufacturer's signature, "C. E. Juncker, Berlin".

Erich Kuehbandner was honored with the Anti-Partisan Badge
in Gold on February 11, 1945.

This Anti-Partisan Badge in Gold was obtained by *SS-Obersturmführer* Kuehbandner by authorized commercial purchase in February 1945.

**Anti-Partisan Badge with the Knight's Cross, German Cross in Gold, and Anti-Partisan Badge in Silver.**

or wide pins – and in the structure, as a half-full or massive badge. Most common, though, are half-full examples with round (steel) pins. Depending on the war situation, most of the badges were made of fine zinc. However the plating – bronze, silver and gold – often wore off. As opposed to various post-war statements, no special pieces in gold were awarded by Himmler when he awarded the Anti-Partisan Badge on February 12, 1945. They were said to be of gilded copper with a blued sword blade and a silver pin. According to information from a recipient, very normal Anti-Partisan Badges of fine zinc were given, and no special, decorative award certificates were handed out.

There is no evidence that Himmler ordered about ten Anti-Partisan Badges in Gold set with diamonds from the C.E. Juncker firm in Berlin. Presumably he did not plan to make these a further level of the already existing badges, but to award them as a special honor. He may have equated them with the General Air Pilot's and Observer's Badge with diamonds, which he himself also wore. A potential recipient of the badge with diamonds was the head of the anti-partisan combat units, *SS-Obergruppenführer* and General of the Police von dem Bach. No awards were made.

The badge, worn on the left chest side, was awarded at three levels:

|  | Land/Water Forces | Air Forces |  |
|---|---|---|---|
| 1st level (bronze) for | 20 | 30 | combat days |
| 2nd level (silver) for | 50 | 75 | combat days |
| 3rd level (gold) for | 100 | 150 | combat days |

All days, retroactive to January 1, 1943, on which the soldiers were in close combat with the enemy counted as combat days. This could be, for example, in attack or defense, by a scout troop or messenger. For members of the heavy weapons (such as artillery or Flak) the requirements were regarded as fulfilled when they were in absolute close combat with partisans or, for example, shot down an enemy airplane.

For members of the involved flying units, every day was counted on which they carried out an action against partisans successfully under enemy fire, or shot down an airplane used to support the partisans. Such a kill was reckoned as three combat days.

For Navy men, it was primarily actions in coastal defense – above all, on the Black Sea and Dalmatian coast – in which they were involved in combat with partisans, which were counted.

A former member of the 24th Waffen-SS Mountain (*Karstjäger*) Division recalls typical actions:

"After the alarming for action in the Goerz-Waelder area of Ternova, we set out on foot on evening in February 1945. Our most necessary things were in our assault packs. Everything else was in our backpacks in Tolmezzo. We saw nothing more of them afterward. Where we were going and what our action task was remained unknown to us at first. That it was a bitter cold night, I still remember. On the next day we saw the last German fighter planes that rose up from an airfield in the vicinity. I knew this because in the following action we often had to remember how the partisans were supported by British aircraft, whether by supplying them with weapons or by attacks on chosen targets. So as we ascended a mountain, we could observe how a town in which a police unit equipped with captured T-34 tanks was located and was attacked by about six British planes with rockets.

The action that followed for us had as its final goal the liberation of a police unit that was surrounded in a mountain village by partisans. We encountered heavy machine-gun and rifle fire. But we were able to hold down the enemy with well-aimed heavy machine-gun fire and get the men of the police out after an hour. You could clearly see the tension under which they had lived the last few days.

Almost every day we could observe the dropping of supply containers from enemy airplanes. Whatever Italian weapons our comrades still had they gladly exchanged for British weapons and ammunition. The machine pistols were especially desired. All in all, the partisans, thanks to their support, were better armed than we were. The action area with its large, almost jungle-like forests was especially deceptive and made demands on all of us.

One day we saw from one of our support points the dropping of supply bombs from six planes on the opposite hill. Before the drop we already saw that the occupants of the nearby village formed a cross that probably had the purpose of marking the drop point. After the drop, the containers were taken to the village by oxen and cows. Even the pastor in his black soutane was there. We decided to send a scout troop of eight men to see the drop place. Through the valley in between, we slipped individually at intervals of 250 meters, and gathered again at the opposite slope. Observations showed that we were in the midst of the partisans. We got to about 30 meters before the sentries unseen. What we saw in the village and surroundings made our hair stand on end. Around 400 partisans could be seen there. So much for the dream of a lot to loot. We decided to depart, two men at a time, in different directions if possible. So that in case we were discovered, maybe one or another would have the good luck to get through. At large intervals we went back through the valley. At a farmhouse on the opposite slope we made a short pause. Suddenly a single partisan popped up, A Croat who belonged to our scouting troop wanted to capture him. But in a short exchange of shots he was hit. We found him with a shot through the liver. We got a ladder and a mattress out of the house and timed the man securely to it. We took the farmer along so he could show us the shortest way. By expending all our strength we reached a clearing. Shortly before it, our leader jumped down a steep slope to our left.

Since we were totally worn out, we wanted to take a break before we crossed the clearing. We lay down at a distance of 10 to 15 meters and kept our eyes on the edge of the woods. The wounded man groaned with pain. Suddenly, in the full moonlight at the edge of the trees, we saw 20 partisans coming in a row. We could not gag our comrade's cries of pain. They noticed us too, raised their machine pistols and fired their bursts over us as closest range. Thank God, too high. Our group leader had his machine pistol, and we also fired back with whatever our light machine gun and carbines held.

Suddenly the partisans were gone just as they had come. We waited for a time. After we could no longer see or hear anything, we set out to cross the wide clearing. Then houses appeared before us, and before we went farther we had to know whether they were free of enemies. With hand grenades ready to throw, and covered by our group leader with his machine pistol, we approached the doors. No partisans. We went on, and after about an hour we reached a Wehrmacht security support point with twin Flak guns on a pass road. The wounded man was taken back to his army comrades from there by car. He could no longer be helped. Totally exhausted, we stretched out on the ground and, after a few hours of sleep, got back to our support point. Without loot, to be sure, but with some awareness of the ways and strength of the partisans."

The combat days to be reckoned were provided immediately by the commanders of the independent battalions, regiments, etc., in daily orders, as suggested by the company leaders. Every man had an added page to keep in his service book, on which these combat days were recorded.

Justified in making awards was:

The Chief of the partisan-fighting unit for:

– members of the staff of higher SS and Police leaders

– all directly subordinated units of the SS, Police and Wehrmacht

The higher SS and Police leaders for:

– members of subordinated units of the SS, Police and Wehrmacht

The tactical superior with the privileges of at least a division commander for members of the Army

The OB of a Navy group or Navy high command for Navy members

The commanding general for Luftwaffe members.

The combat days reckoned for the Anti-Partisan Badge could not be counted for gaining other combat badges (such as the Assault Badge, Army Flak Badge or Ground Combat Badge of the Luftwaffe). These, though, could be qualified for later. As for the Close Combat Badge, the OKH, in cooperation with the *Reichsführer-SS*, arranged on August 4, 1944 that they could generally be awarded only for front action, meaning in combat against regular troops, and the Anti-Partisan Badge only for action against partisans (AHM 1944, No.443 of August 21, 1944). A former SS Karstjäger first gained the Infantry Assault Badge and later the Anti-Partisan Badge. He recalls:

"The Anti-Partisan Badge was then awarded to us about the beginning of February 1945 in Tolmezzo, I believe it was in connection with the giving of orders. In 1944 we already learned that the Anti-Partisan Badge had been created. Some combat days were still ruled out, otherwise too many "gold ones" would probably have been given. I remember this awarding very

*Oberleutnant* Vierkorn

clearly, because one day earlier I was released from three days of "building". Two of us had stolen potatoes. Not just for us, but also for others. We got caught at it. If I remember correctly, a prerequisite for the Infantry Assault Badge was that one had taken part in three attacking actions. This was unlike the Anti-Partisan Badge, for which only close combat could be counted, but being attacked by partisans, for example, could also be counted for the latter."

If a soldier was badly injured or killed, then the badge could be awarded to him for nearly fulfilling the required combat days. In case of those killed in action, the badge and the certificate for it were sent to the next of kin. Such an award, though, was reserved for the *Reichsführer-SS* himself. The same applied to awarding the Anti-Partisan Badge in Gold. After Hitler, on April 8, 1944, had ordered that he would award the Close Combat Badge in Gold personally, Himmler followed his example on August 25 and wanted to honor "the bravest and most successful partisan fighters". Copies of awarding documents were to be sent from the service offices that had the right to award them to the SS command (AHM 1944, No.554 of August 25, 1944). In all, ten Anti-Partisan Badges in Gold were awarded in this official manner. On February 15, 1945 four, and on March 10, 1945 six more members of the 24th Waffen-SS Mountain (Karstjäger) Division received them.

Another former SS Karstjäger remembers the awarding:

"The Anti-Partisan Badge was awarded to me in Tolmezzo on September 1, 1944. There was no special furlough for it. I cannot remember some details of it. At that time I was teaching South Tyroleans to be radiomen. I could imagine that on this occasion we ordered a round of drinks. Since the Lire were always in short supply, we shook grappa in a bowl and dunked cookies in it, and then stuck them in our mouths soaking wet. If one had something planned on the next day, it was better not to do it."

The former Adjutant of Cossack Artillery Regiment 55, *Oberleutnant* Karl Gottfried Vierkorn, remembers:

"When the Cossack Division was set up, I was there at first as a young Lieutenant and platoon leader in an artillery battery, then shortly afterward already in the Balkans a battery leader, and as of the spring of 1944 as Adjutant (first unit, then regiment). As a rule, only Germans got the Anti-Partisan Badge among us.

6/59

# BESITZZEUGNIS

DEM

SS-Sturmmann

Heinrich S c h n e i d e r

6./Waffen-Geb. (Karst) Jäger-Rgt.
SS-Nr. 59

VERLEIHE ICH
FÜR TAPFERE TEILNAHME
AN 20 KAMPFTAGEN

DAS

# BANDENKAMPFABZEICHEN
IN Bronze

O.U.,DEN  30. Januar 1945.

SS - Gruppenführer
u. Generalleutnant d. Polizei

# BESITZZEUGNIS

DEM

SS- Sturmmann

E r w i n   R ö s l e n

8./Waffen-Geb. (Karst) Jäger-Rgt.

SS-Nr. 59

## VERLEIHE ICH
## FÜR TAPFERE TEILNAHME
## AN 50 KAMPFTAGEN

DAS

# BANDENKAMPFABZEICHEN

IN S i l b e r

O.U., DEN 30. Januar 1945.

ᛋᛋ- Gruppenführer
u. Generalleutnant d. Polizei

The SS-Karstjäger Division probably received the most awards of the Anti-Partisan Badge.

B e s i t z z e u g n i s
=====================================

Dem   Obergefreiten
_____

Friedrich  L e h m a n n
_____

7. / G. R. 453
_____

verleihe ich für tapfere Teilnahme

an 30 Kampftagen

das

B a n d e n k a m p f a b z e i c h e n
_____

in  B r o n z e
_____

Im Felde, den 24. 6.  1944

_____
Generallt. u. Kdr. d. 253. J.D.

**Not all units had pre-printed possession certificates for this fairly rare decoration.
Here the document was made on a typewriter.**

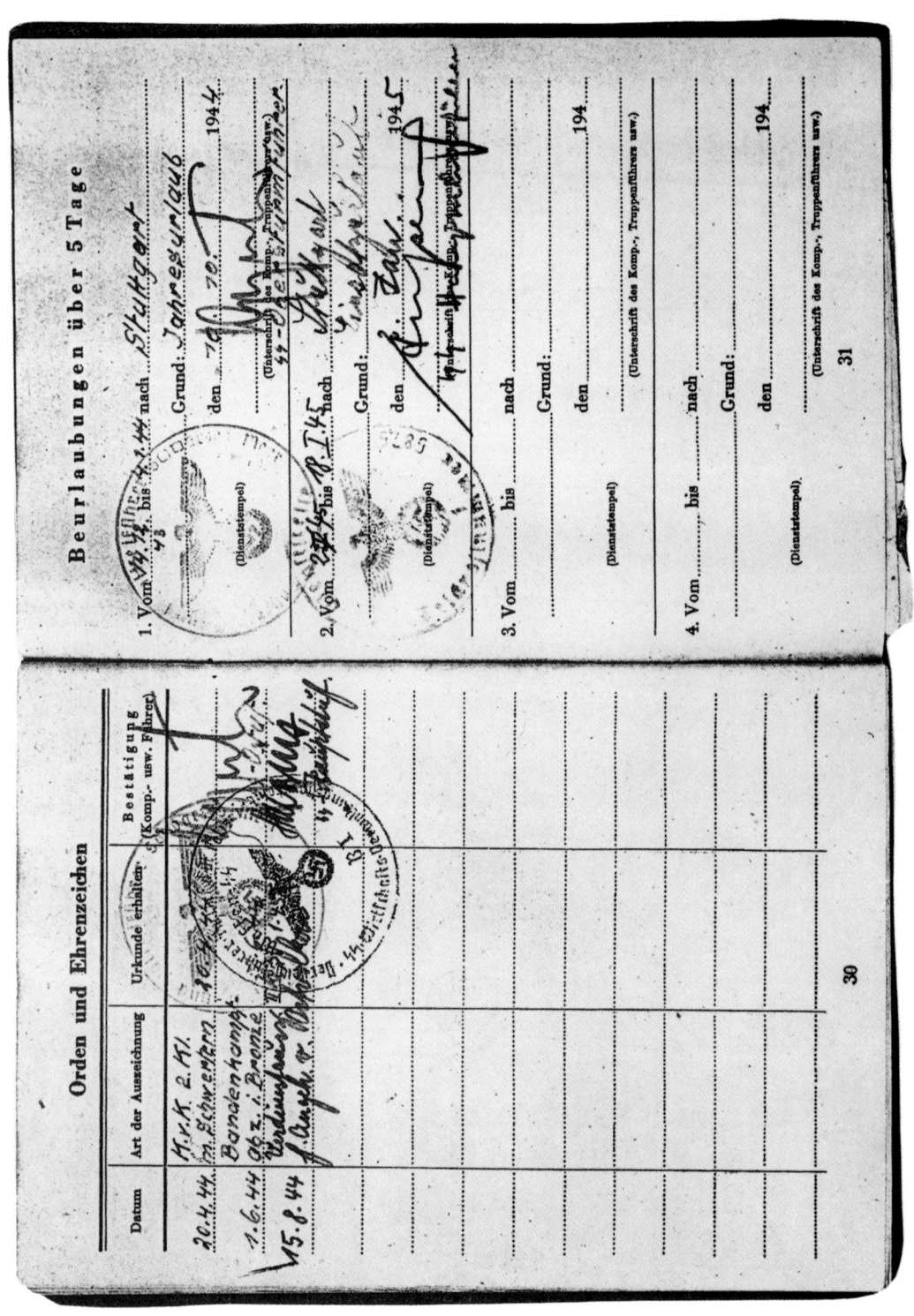

**Entry in a soldbuch of the awarding of the Anti-Partisan Badge in Bronze.**

30

# BESITZZEUGNIS

### DEM

Oberwachtm.d.Sch.d.R.

Valentin  H ä f n e r

1./Pol.-Schtz.-Regt.31

### VERLEIHE ICH
### FÜR TAPFERE TEILNAHME
### AN 20 KAMPFTAGEN

### DAS

# BANDENKAMPFABZEICHEN

IN  B r o n z e

O. U.  ,DEN  21  Juni 1944

SS-Gruppenführer u.
Generalleutnant der Polizei

4./Jäg.Regt.721

O.U.,den 27.1.1945

Bstätigte Bandenkampftage des

Oberjäger Artur S c h u b k e l l , geb. 6.5.1906

Bescheinigung des Komp.Fhr.

| Kampf= tage | Tag | Ort nach Regt.Befehl |
|---|---|---|
| 1. | 3.1.43 | Martin Brdo |
| 2. | 9.1.43 | Dvor-Gina |
| 3. | 11.1.43 | südl. Sanaufer |
| 4. | 12.1.43 | ostw. Bos.Novi |
| 5. | 14.1.43 | Blagaj |
| 6. | 13.1.43 | Höhe 2uu O Bos.Novi |
| 7. | 25.1.43 | NW bei Bos.Novi |
| 8. | 20.1.43 | Höhe 3?0 us Bos.Novi |
| 9. | 31.1.43 | Svodna |
| 10. | 1.2.43 | Vinc Gradina |
| 11. | 8.2.43 | Blatna-Rudice |
| 12. | 16.2.43 | Dubovik |
| 13. | 23.2.43 | Radic... |
| 14. | 26.2.43 | Blatn |
| 15. | 6.3.43 | Gvozdj Hvac |
| 16-23. | 13.-20.3.43 | Unternehmen Kozara |
| 24-37. | 20.6.-3-7.43 | Kladuz Getingrad-Radevica-Casin |
| 38-54. | 15.-21.8.43 | Unternehmen Slavonien |
| 55-56. | 17.-18.10.43 | Gola...a-Viola |

Ltn.u.Komp.Fhr.

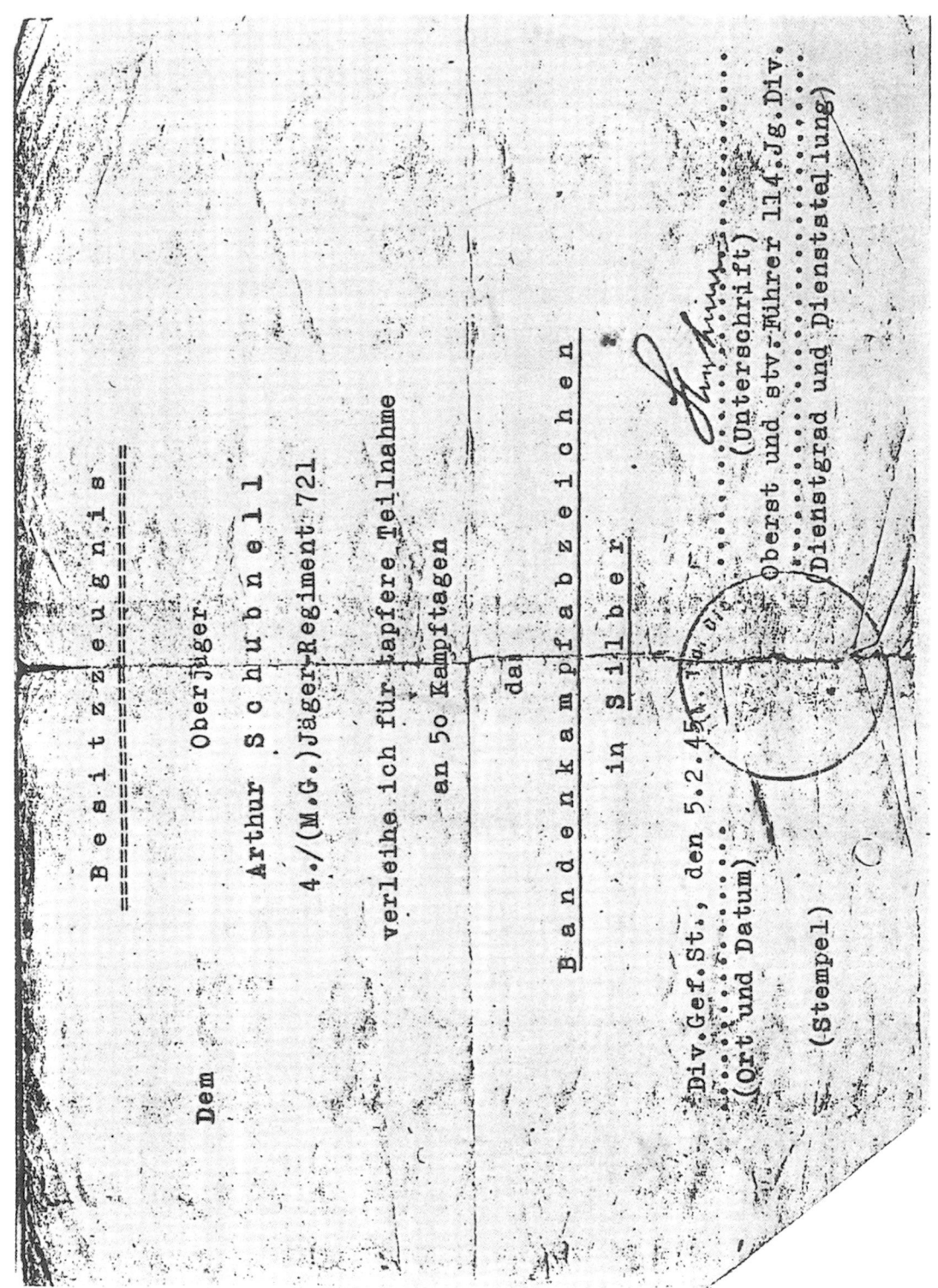

B e s i t z z e u g n i s
===============

Dem

Arthur S c h u b n e l l

4./(M.G.)Jäger-Regiment 721

verleihe ich für tapfere Teilnahme

an 5o Kampftagen

das

B a n d e n k a m p f a b z e i c h e n

in S i l b e r

Div.Gef.St., den 5.2.45.
..............................
(Ort und Datum)

......................
(Unterschrift)

Oberst und stv.Führer 114.Jg.Div.
.................................
(Dienstgrad und Dienststellung)

(Stempel)

33

Stbsgefr. Lebenheim, Hans, geb. 1.12.1918.

| Kampf-tage | Tag | Ort nach Rgts.Befehl | Bescheinigung d. Battr.Führers |
|---|---|---|---|
| 1. | 5.12.43 | Raum Osredci | Unternehmen in Unternehmen "Panther" |
| 2. | 12.12.43 | Unternehmen "Panther" | |
| 3. | 13.12.43 | " | " |
| 4. | 14.12.43 | " | " |
| 5. | 15.12.43 | " | " |
| 6. | 16.12.43 | " | " |
| 7. | 17.12.43 | " | " |
| 8. | 18.12.43 | " | " |
| 9. | 19.12.43 | " | " |
| 10. | 20.12.43 | " | " |

| Tage | | Rgts.Befehl | d.Battr.Führers |
|---|---|---|---|
| 11. | 21.12.43 | Unternehmen "Panther" | |
| 12. | 22.12.43 | - " - | |
| 13. | 23.12.43 | - " - | |
| 14. | 24.12.43 | - " - | |
| 15. | 22.3.44 | Aufklärungsunternehmen ostw. Dobrljin | |
| 16. | 4.4.44 | Unternehmen "Fuchsjagd" | |
| 17. | 25.5.44 | Unternehmen Biwar | |
| 18. | 26.5.44 | Unternehmen Bär | |
| 19. | 10.6.44 | Unternehmen Urwald | |
| 20. | 15.6.44 | Überfall auf Kolonie | |

Nachweis über Sturmtage
des Schtz.Talkenberg... Einheit 1./608..

| Nr. | Kampf tag | verwendet als | Ort nach Wehrm.Ber. | besetzt.des... |
|---|---|---|---|---|
| 1 | 28.7.44 | Schütze | Neple=Bohukali | |
| 2 | 8.8.44 | " | Vorstadt Kolo-Warschau | |
| 3 | 24.9.44 | " | 1.Angriffstag Mokotow | |
| 4 | 25.9.44 | " | 2. " | |
| 5 | 29.9.44 | " | 1.Angriffstag Zoliborz | |

Lt. u. Kp.Führer

It was to be won only under fairly strict conditions and was also created quite late and given only sparingly. As far as I remember, special information lists about the so-called combat days had to be made up by the regiment or independent battalion, under the responsibility of the Ia clerk or his deputy and the adjutant representing the commander. As a rule, awards were made before the assembled front of the company, battalion or even regiment in rather formal style. The officers, on the other hand, usually at the command post of the higher superiors or, not for direct front action, in the wardroom of the battalion's or regiment's headquarters, were awarded likewise in worthy style.

Followed by a sip from a bottle, if one was available. So it was for me too."

The total number of awarded Anti-Partisan Badges can no longer be determined. Surely it is a very rare decoration, since the partisans generally avoided open confrontation and thus it scarcely came to close (hand-to-hand) combat. Created only in 1944, soldiers in partisan action had often received the Close Combat Medal already. For example, the *SS-Oberführer* Oskar Dirlewanger, commander of the notorious SS Special Command that bore his name. A few months after the Anti-Partisan Badge was created, there were hardly any German troops fighting against partisans.

# BIBLIOGRAPHY

Allgemeine Heeresmitteilungen 1944, No.145, 433, 544.

Luftwaffen-Verordnungsblatt 1944, No.335, 606, 1316.

Marine-Verordnungsblatt 1944, No.118, 574.

Verordnungsblatt der Waffen-SS, No.7, #142.

Additions to the War Diary of the SS-Sonderbataillon Dirlewanger.

Aschenauer, Rudolf, *Krieg ohne Grenzen*, Leoni, 1982.

Lefebre, Eric, & Jean de Lagarde, "Das Bandenkampfabzeichen 1944-1945", in *IMM* 79, 1995.

Rudloff, Gerhard, "Das Bandenkampfabzeichen", in OMM, 1993.

Michaelis, Rolf, *Die Sturmabzeichen des Heeres*, Erlangen, 1996.

Michaelis, Rolf, *Die Nahkampfspange des heeres*, Erlangen, 1996.

Michaelis, Rolf, *Das Bandenkampfabzeichen*, Erlangen, 1997.

Michaelis, Rolf, *Die Chronik der 24. Waffen-Geb. (Karstjäger) Div. der* SS, Erlangen, 1992.

Michaelis, Rolf, *Das SS-Sonderkommando Dirlewanger*, Berlin, 1998.

Michaelis, Rolf, *Die Gebirgs-Divisionen der Waffen-SS*, Erlangen, 1994.

I would like to thank Hans-Georg Buckermann, Andre Huesken and Gerhard Rudloff for their support.